Gewerkschaften und Soziale Marktwirtschaft seit 1945

W0047862

Reclam Sachbuch

Walther Müller-Jentsch

Gewerkschaften und Soziale Marktwirtschaft seit 1945

Philipp Reclam jun. Stuttgart

RECLAMS UNIVERSAL-BIBLIOTHEK Nr. 18897
Alle Rechte vorbehalten
© 2011 Philipp Reclam jun. GmbH & Co. KG, Stuttgart
Gestaltung: Cornelia Feyll, Friedrich Forssman
Gesamtherstellung: Reclam, Ditzingen. Printed in Germany 2011
RECLAM, UNIVERSAL-BIBLIOTHEK und
RECLAMS UNIVERSAL-BIBLIOTHEK sind eingetragene
Marken der Philipp Reclam jun. GmbH & Co. KG, Stuttgart
ISBN 978-3-15-018897-2
www.reclam.de

Inhalt

In Erinnerung an meinen Vater – einfaches Gewerk-
schaftsmitglied, das jahrzehntelang unverdrossen
seine monatliche Beitragsmarke klebte – und an
seine unpathetische Antwort auf die Frage nach der
Notwendigkeit von Gewerkschaften: »Jung! Ohne
die Gewerkschaften hätten wir Arbeiter und du als
Arbeiterkind nichts zu lachen.«

Vorwort

Mit diesem Band wird der Versuch unternommen, die Entwicklung der deutschen Gewerkschaften seit 1945 im Zusammenspiel mit der Konzeption und Praxis der Sozialen Marktwirtschaft darzustellen. Standen sich Gewerkschaften und Protagonisten der Sozialen Marktwirtschaft anfänglich noch feindlich gegenüber, näherten sich ihre Vorstellungen im weiteren historischen Verlauf allmählich einander an und beeinflussten sich gegenseitig auf eine produktive Art, so dass mit Fug und Recht gesagt werden kann: Die Gewerkschaften sind zum Mitgestalter einer Wirtschaftsordnung geworden, die sie ursprünglich bekämpft hatten; und das politische Projekt der Sozialen Marktwirtschaft trug dazu bei, die gewerkschaftliche Politik in die wirtschaftspolitischen Prozesse einzubinden. Was als ›deutsches Konsensmodell‹, ›Rheinischer Kapitalismus‹ oder ›kooperative Marktwirtschaft‹ bezeichnet wird, ist im Kern dieses konstruktive, wenn auch nicht immer konfliktfreie Miteinander von gewerkschaftlicher Schutz- und Gestaltungspolitik und dynamisch modifizierter Ordnungspolitik für eine Marktwirtschaft mit sozialer Verantwortung. Dem roten Faden dieses Miteinanders folgt diese kleine Geschichte der deutschen Gewerkschaften nach dem Zweiten Weltkrieg.

1 Entstehung und Entwicklung der Gewerkschaftsbewegung bis 1933

Die Anfänge der Gewerkschaften liegen zwar nicht in mythischer Vorzeit, aber ein bestimmtes Gründungsjahr ist nicht überliefert. Ihre Entstehung geht auf zwei sehr verschiedenartige historische Phänomene zurück. Das eine sind die aus der mittelalterlichen Handwerkertradition hervorgegangenen Gesellenverbände oder Handwerkergilden, mit denen sie durch ein organisatorisches Traditionsband verknüpft sind. Das zweite ist die Industrielle Revolution, welche im England des ausgehenden 18. Jahrhunderts ihren Ausgang nahm und die gleichsam den sozialpolitischen Humus für die frühen gewerkschaftlichen Zusammenschlüsse bildete.

Noch unter der Zunftverfassung des alten Reiches (bis 1806) hatten sich die Gesellen in eigenständigen, von den Meistern getrennten Vereinigungen organisiert. Ein wichtiger Grund dafür war, dass sich die berufliche Zukunft der Gesellen verschlechterte; zunehmend problematischer wurde es für sie, vom Status des Gesellen in den des Meisters überzuwechseln. Generell erlaubt war den Gesellen, sich zu »Bruderschaften« mit karitativen Aufgaben zusammenzuschließen und eine interne Gerichtsbarkeit, meist unter der Aufsicht eines Zunftmeisters, auszuüben. Allenfalls geduldet war die von ihnen betriebene Arbeitsvermittlung (oder im damaligen Sprachgebrauch: das »Zuschicken« wandernder Gesellen). Eindeutig unter Strafe gestellt waren »konspirative« Aktivitäten wie die »Verrufserklärung« oder der Boykott bestreikter Meister.

Die Handwerksgesellen des 18. Jahrhunderts sind noch

keine modernen Lohnarbeiter. Sie arbeiten weitgehend mit ihrem eigenen Werkzeug, leben großenteils bei ihren Meistern in »Kost und Logis« und hoffen auf eine spätere Meisterstelle. Aber ähnlich wie Lohnarbeiter handeln sie mit dem Meister einen Vertrag über die Anstellung (freilich zu den üblichen, von der Zunft festgelegten Bedingungen) aus, den sie wieder aufkündigen können. Auch ihre zahlreichen Arbeitskämpfe folgen einer anderen sozialen Logik als die Streiks von Lohnarbeitern. Nicht primär als »Verteilungskämpfe« aus ökonomischem Kalkül werden sie geführt, sondern um Forderungen, die zumeist eingebettet sind in einem normativen Kosmos der »Handwerkerehre«, die auf gutes Recht, alte Sitte, geltende Ehrvorstellungen pocht.

Die Arbeitskampffähigkeit der Gesellen beruhte auf der Trias von Wandern, Schenken (Zehrgeld) und Zuschicken. Wandernde Gesellen wandten sich an die örtlichen Vertretungen ihrer Gilde und wurden von diesen zu einem Meister geschickt oder, wenn in ihrem Bereich keine Arbeitsstelle frei war, mit einem Zehrgeld für die weitere Reise ausgestattet.

Wegen ihrer territorial begrenzten Exekutionsgewalt galten Reichsstädte als »Eldorado der Gesellen«, weil sie hier einerseits vor den Zugriffen fürstlicher Landesherren sicher waren und weil andererseits außerhalb der städtischen Mauern weder Zunftmeister noch Ratsherren Sanktionen gegen aufmüpfige Gesellen verhängen konnten. Michael Kittner hat den typischen Ablauf eines Gesellenstreiks wie folgt geschildert: »konspirative Vorbereitung, Arbeitsniederlegung und Auszug aus der Stadt unter Mitnahme der Gesellenlade (...) und teils mit ›klingendem Spiel‹ und öffentlichen Umzügen, wobei die demonstrativen Exodus-Elemente sowohl der Stärkung der Gruppenkohärenz als auch der Beeindruckung der Öffentlichkeit dienten«.[1] Den Städtebünden und stadtübergreifenden Handwerkerbünden waren nur bedingte Erfolge bei ihren wiederholten Versuchen beschieden, die Gesellen unter ihre Sanktionsgewalt zu bringen.

Mit dem Ende des alten Reiches gingen auch die Gesellengilden unter. Die freien Reichsstädte wurden den Territorialstaaten einverleibt und untergeordnet. Erst in der Welle der Vereinsbildung im Vormärz entstanden wieder zahlreiche Gesellenbruderschaften. Zwischen ihnen und den entstehenden Arbeitervereinen und Gewerkschaften gab es direkte Verbindungen und vielfältige Überschneidungen. Schließlich boten die traditionellen Organisationsformen der Gesellen auch den frühen Gewerkschaften Anknüpfungspunkte.[2] In einer langen Zeitperiode (etwa 1750 bis 1850) bildete sich parallel zum zünftigen Handwerk das kapitalistische Lohnarbeitsverhältnis heraus und verdrängte jenes allmählich.

Eng verknüpft mit der Herausbildung des Lohnarbeitsverhältnisses, das der Bildung von Gewerkschaften zugrunde liegt, ist die Industrielle Revolution. Historiker datieren sie für England von 1780 bis 1830 bzw. 1850. Die »erste industrielle Nation« war auch die erste, in der das Gewerkschaftswesen seinen Ursprung hatte. Mit zeitlicher Verzögerung von wenigen Dekaden griff die Industrielle Revolution, und ihr nachfolgend die Gewerkschaftsbewegung, von England auf den europäischen Kontinent über. Den Beginn der Industriellen Revolution in Deutschland datieren Wirtschaftshistoriker frühestens um 1815, spätestens um 1835.[3]

Es hieße den Charakter der Industriellen Revolution zu verfehlen, wenn man sie auf eine technische Revolution oder gar auf die Erfindung und Nutzung der Dampfmaschine begrenzte. Adäquater ist ihre Deutung als epochale Umwälzung der Arbeits- und Lebensbedingungen, als ein Zusammenspiel von interdependenten Ereignissen und Prozessen, in dem technische Erfindungen und Innovationen mit sozialen Veränderungen – teils als ihre Folge, teils als ihre Voraussetzung – ineinandergreifen und sich wechselseitig stimulieren. Jedenfalls gehen die qualitativen Neuerungen in der Technologie der Werkzeuge, Maschinen und Produktionsverfahren mit einem Prozess des Umbruchs von Arbeitskräftestrukturen und Fachqualifikationen, von Arbeits- und Gütermärkten sowie von Formen der Arbeitsorganisation und der Managementkontrolle einher – einem Prozessverlauf, bei dem Ursache und Wirkung der erwähnten Komponenten kaum voneinander zu trennen sind.

Freier Arbeitsmarkt und Fabriksystem

Für die Gewerkschaftsbildung sind zwei durch die Industrielle Revolution angestoßene oder beschleunigte Prozesse von besonderer Bedeutung: 1. die Entstehung freier Arbeitsmärkte und 2. die Geburt des Fabriksystems. Denn mit der Institutionalisierung von Arbeitsmärkten und Fabriksystem findet ein grundlegender Wandel der gesellschaftlichen Arbeit statt: sie wird liberalisiert, kommerzialisiert (vermarktet) und privat genutzt.

Zwar hatte es freie Arbeitsmärkte in Westeuropa schon vor dem Industriezeitalter nicht nur für Tagelöhner und

Gesinde gegeben,[4] aber mit der Bauernbefreiung, der Auflösung des Zunftzwangs und den neuen Fabriken breiteten sich die Arbeitsmärkte schnell aus, mit der Folge, dass die – bis weit ins 18. Jahrhundert vorherrschenden – zünftigen, gesetzlichen und behördlichen Regulierungen der Arbeitsverhältnisse für wachsende Gruppen von Beschäftigten ihre Bedeutung verloren. Mit dem Wirtschaftsliberalismus traten an ihre Stelle individuelle, private Vereinbarungen zwischen »Marktteilnehmern«, das heißt zwischen Anbietern und Nachfragern von Arbeitskraft.

Dieser Vermarktungsprozess war Ausdruck und Folge einer doppelten gesellschaftlichen Evolution: erstens der Durchsetzung bürgerlicher Freiheiten (Freiheit der Person, Gewerbe- und Vertragsfreiheit, Recht auf Eigentum etc.) und zweitens der Trennung von Staat und Wirtschaft. Mit der »Freisetzung« der Wirtschaft aus den sozialen und normativen Bindungen der traditionalen Gesellschaft entstand aus den vorher bloß vereinzelten Märkten ein ausschließlich nach Marktmechanismen (Angebot und Nachfrage) gesteuertes Wirtschaftssystem, dem schließlich auch die Allokation (Zuweisung) der gesellschaftlichen Arbeit und die Distribution (Verteilung) ihrer Ergebnisse überantwortet wurde.

Die Herauslösung oder »Autonomisierung« der – in allen früheren Gesellschaftsformationen »eingebetteten« – Wirtschaft hat Karl Polanyi als einen verhängnisvollen Transformationsprozess beschrieben, der Mensch und Natur der »Warenfiktion« überantwortet und damit den Marktmechanismus für das Leben der Gesamtgesellschaft bestimmend werden lässt. Denn materielles Wohlergehen wurde in den kapitalistischen Marktwirtschaften nunmehr

»ausschließlich von den Trieben des Hungers und des Gewinnstrebens bestimmt oder, genauer gesagt, von der Angst vor dem Verlust des Lebensunterhalts und von der Profiterwartung«.[5]

In seiner Kapitalismusanalyse und -kritik hat Karl Marx herausgearbeitet, dass die kapitalistische Mehrwertproduktion die Existenz des »doppelt freien« Lohnarbeiters zur Voraussetzung hat: »frei in dem Doppelsinn, daß er als freie Person über seine Arbeitskraft als seine Ware verfügt, dass er andrerseits andre Waren nicht zu verkaufen hat, los und ledig, frei ist von allen zur Verwirklichung seiner Arbeitskraft nötigen Sachen«.[6]

Neue soziale, organisatorische und technische Probleme warf das entstehende Fabriksystem auf, in dem die bereits in Manufakturen eingeführte Arbeitsteilung nun mit Maschinen als Produktionsmitteln kombiniert wurde. Im Fabrikbetrieb, nach dem Arbeitsmarkt dem zweiten »Drehpunkt des proletarischen Lebensschicksals«,[7] wurde über die Anwendungsbedingungen der auf dem Arbeitsmarkt eingekauften Arbeitskraft entschieden.

Durch die arbeitsteilige Fabrikproduktion ergaben sich neue Organisations- und Kontrollprobleme für das Management der Arbeit, die mangels einer Managementtheorie nur pragmatisch gelöst werden konnten. Entweder wurden die Fabrikarbeiter der direkten persönlichen Kontrolle durch Aufseher unterstellt oder man machte sie zu ›internen Subkontraktoren‹, die für einen Pauschalbetrag ein bestimmtes Arbeitsquantum zu erbringen hatten.

Kaum anders als die Sozialisten hat der den Ideen des Sozialkatholizismus verpflichtete Nationalökonom Goetz Briefs aus der Verfügung über die Person des Arbeiters nach

Vertragsabschluss die Fremdbestimmtheit der Arbeit abgeleitet: »Der Begriff der Fremdbestimmtheit umgrenzt am klarsten die Stellung des Arbeiters in Unternehmung und Betrieb: fremdbestimmt ist die Arbeitsstätte, die Arbeitsart und weithin die Arbeitsintensität, die besondere Arbeitsmethode, die Arbeitszeit, das Arbeitsmittel, der Arbeitszweck, die Arbeitsorganisation, fremdbestimmt ist das sachliche Ergebnis des Arbeitsprozesses wie seine marktmäßige Verwertung.«[8]

Gewerkschaftliche Anfänge

Die für die frühe industriekapitalistische Produktionsweise typischen Bedingungen der freien Arbeitsmärkte und des Fabriksystems setzten eine soziale Dynamik frei, in deren Verlauf die Lohnarbeiterschaft sich kollektiv organisierte. Die ersten Gewerkschaften nahmen unter dem Einfluss der Industriellen Revolution einen völlig anderen Charakter an als ihre organisatorischen Vorläufer in den Gesellenverbänden. Sie organisierten Arbeiter, für die die Lohnarbeit zum proletarischen, gewissermaßen vererbbaren Schicksal geworden war.

Die Geschichte der deutschen Gewerkschaften reicht bis in den Vormärz, also die Zeit vor der Revolution von 1848, zurück. Dies war die Zeit der Vereinsbildung und der nationalen Bewegungen. Als nationale Bewegungen traten zuerst die studentische Burschenschaft und die von Turnvater Jahn vereinigte nationalpatriotische Turnerschaft auf. Das bis 1848 bestehende Verbot der Koalitions- und politischen Vereinsbildung ließ den Arbeitern zunächst nur die Möglichkeit, sich lokal und regional in Unterstützungskassen zur solidarischen Selbsthilfe und in Arbeiterbildungsvereinen zusammenzuschließen. Seit den 1830er Jahren sind derartige Initiativen von Gesellen und Arbeitern bekannt. Politischen Charakter hatten die sog. Auslandsvereine wandernder Gesellen im liberaleren Frankreich und England sowie der Schweiz.

Mit der Liberalisierung des Vereins- und Koalitionsrechts nach den Märzaufständen in der deutschen Revolution von 1848 bildeten sich erste nationale Gewerkschaften. Es waren die Buchdrucker und Zigarrenarbeiter, die mit Zentralverbänden auf nationaler Ebene vorangingen. In ihnen mischten sich noch handwerklich-zünftige Traditionen mit originär gewerkschaftlichen Organisationsmomenten. Mit der 1850 einsetzenden politischen Reaktion, die in der Aufhebung des Koalitions- und Streikrechts 1854 ihren Abschluss fand, wurden alle Formen politischer und gewerkschaftlicher Vereinigungen verboten und polizeilich unterdrückt. Aber schon in den 1860er Jahren kam es zu einem Neubeginn gewerkschaftlicher Betätigung und Organisierung.

Berufsgewerkschaften

Die frühen Gewerkschaften waren keineswegs Organisationen der Ärmsten der Armen, sondern Zusammenschlüsse von qualifizierten Handwerkern und Facharbeitern, die über die zur Organisationsbildung notwendigen personellen und materiellen Ressourcen verfügten. Wegen ihrer nicht einfach zu ersetzenden Qualifikation spricht man diesen Gruppen eine Primärmacht zu, die sie auf dem Arbeitsmarkt und/oder im betrieblichen Produktionsprozess zur

Geltung bringen und durch kollektive Organisierung (Organisationsmacht) potenzieren können.

Ähnlich wie in England, dem Mutterland der Industrialisierung, erfolgten die ersten Gewerkschaftsgründungen auf deutschem Boden aus beruflichen Zusammenhängen. Für Buchdrucker und Tabakarbeiter lassen sich lockere Bündnisse auf lokaler Basis schon vor 1848 nachweisen, etwa für die Buchdrucker in Breslau und Leipzig. Vornehmlich diese Berufsgruppen waren es auch, die während der 1848er Revolution erste Versuche zu nationalen Koalitionen unternahmen, aber dann an der einsetzenden politischen Reaktion scheiterten. In den frühen sechziger Jahren des 19. Jahrhunderts waren es wiederum die Tabakarbeiter und Buchdrucker, die erste zentrale Berufsgewerkschaften gründeten: 1865 den Allgemeinen Deutschen Zigarrenarbeiter-Verein; 1866 den Deutschen Buchdrucker-Verband; ihnen folgte 1867 die Gründung des Allgemeinen Deutschen Schneider-Vereins.

Die Trägergruppen der frühen Gewerkschaftsbewegung rekrutierten sich aus handwerklich geprägten, zum Teil im Übergang zur Industrialisierung befindlichen Produktionsbereichen. Es handelte sich dabei vorwiegend um relativ homogene, ausgeprägt berufsständisch orientierte Arbeiterschichten, die als »Handwerkerelite« (wie die Buchdrucker) ihr traditionell hohes Sozialprestige gegen den drohenden Statusverlust zu verteidigen suchten oder die als Handarbeiter in großbetrieblicher Produktion (wie die Zigarrenarbeiter) sich um die Anhebung ihres sozialen Status bemühten. Für diese und andere Gruppen, die über ein hohes Maß beruflicher Kohäsion und gruppeninterner Kommunikation verfügten, bot sich der Berufsverband als eine angemessene Organisationsform ihrer berufsständisch geprägten Interessen an. Das lässt sich auch aus den klassischen Aufgaben der Berufsverbände leicht ersehen; zu diesen gehörten:

(a) Kontrolle des *fachspezifischen Arbeitsmarktes*. Die Mittel dazu waren: Beschränkung des Zugangs zum Arbeitsmarkt durch monopolisierte Berufsfortbildung, Festsetzung von Lehrlingsquoten und Verhinderung von Frauenarbeit; genaue Spezifizierung der von Facharbeitern einerseits und Hilfsarbeitern andererseits zu leistenden Tätigkeiten. Mit Hilfe des Arbeitsnachweises und der Arbeitsvermittlung stellten die Organisationen für ihre Mitglieder Markttransparenz her.

(b) Aufbau eines *eigenen Unterstützungswesens*, mit dessen Hilfe sie ihre Mitglieder gegen soziale Risiken absichern konnten. Neben der Sterbekasse, die ein ehrenwertes Begräbnis in Aussicht stellte, umfasste dieses vor allem die für die Kontrolle des Arbeitsmarktes notwendigen Reise- und Arbeitslosenunterstützungen. Ihre solidarische Selbsthilfe und Selbstverantwortung machten sie unabhängig von staatlichen Sozialleistungen und paternalistischer Sozialpolitik der Unternehmer.

(c) *Berufliche Weiterbildung* zur Förderung des Nachwuchses und des beruflichen Zusammengehörigkeitsgefühls.

(d) Mitwirkung bei der von Unternehmerseite häufig betriebenen *Organisierung der Märkte*, um Preisunterbietungen der sog. »Schmutzkonkurrenz« auszuschalten.

Es war die spezifische Mitgliederzusammensetzung, die den frühen Berufsverbänden einen exklusiven Charakter gab. Ihre Mitglieder waren ausschließlich qualifizierte Handwerker und Facharbeiter; Frauen war die Mitgliedschaft häufig verwehrt. Stärkstes gewerkschaftliches Bindemittel war die berufliche Zugehörigkeit; sie war gleichsam die natürliche Grundlage der gewerkschaftlichen Organisierung. Die in den frühen Berufsgewerkschaften organisierten Gruppen verfolgten keine politisch umstürzlerischen Ziele, sondern verteidigten ihr berufliches Ansehen, sie forderten einen redlichen Lohn und einen angemessenen Lebensstandard. Da sie, von wirtschaftlichen Abschwungperioden einmal abgesehen, häufig günstige Arbeitsmarktbedingungen vorfanden bzw. ihre Arbeitskraft verknappen konnten und sie überdies oft strategisch wichtige Positionen in der Produktion einnahmen, fanden ihre Organisationen bald die Anerkennung der Unternehmer, mit denen sie nicht selten ein kooperatives Vertragsverhältnis pflegten, welches gelegentliche Streiks selbstverständlich nicht ausschloss.

Erst Jahre nach den ersten Gewerkschaftsgründungen ergriffen die politischen Parteien ihrerseits die Initiative zur Gründung von Gewerkschaften. Wie die neuere historische Forschung nachgewiesen hat, »waren es keineswegs die politischen Parteien, die die Gewerkschaftsbewegung in Gang brachten (...). Sowohl die (lassalleanischen) Sozialdemokraten wie die (fortschrittlichen) Liberaldemokraten schalteten sich in die Bewegung erst ein, als diese längst eingesetzt hatte und abzusehen war, dass gewerkschaftlicher Zusammenschluss der den überhaupt aktivierbaren Arbeitern am meisten einleuchtende, weil ihren elementaren sozialpolitischen Interessen optimal entsprechende Organisationstypus zu werden versprach«.[9] Mit anderen Worten: die Gewerkschaften – und nicht die politischen Parteien – stellten die frühe Organisationsbasis der Arbeiterbewegung dar. Freilich trugen die parteipolitischen Initiativen zur Expansion der jungen Gewerkschaftsbewegung bei, aber gleichzeitig bewirkten die Interventionen von liberalen und sozialdemokratischen Politikern die Spaltung in Richtungsgewerkschaften. Im weiteren Verlauf unserer Darstellung werden wir uns im wesentlichen mit der Entwicklung der »freien« (d.h. sozialdemokratischen) Gewerkschaften befassen. Ihre Berechtigung findet diese Beschränkung darin, dass es schließlich diese Gewerkschaften waren, welche die Hauptlinien der deutschen Gewerkschaftsgeschichte bestimmten.

Viele der Berufsverbände fielen der politischen Reaktion und Repression zur Zeit des Sozialistengesetzes (1878–1890) zum Opfer und wurden verboten – eine Maßnahme, die weniger der realen Bedrohung als dem generellen Misstrauen des Obrigkeitsstaates gegen eigenständige Aktivitäten der Arbeiterschaft zuzuschreiben war. Dem Buchdrucker-Verband gelang es selbst noch unter diesen politischen Ausnahmebedingungen durch rechtzeitige Umwandlung in einen Unterstützungsverein, ein Verbot zu vermeiden.

Aus dem exklusiven Charakter der Berufsgewerkschaften ergaben sich andererseits zwei schwerwiegende Nachteile: 1. Als gegenüber anderen Berufs- und Tätigkeitsgruppen ›geschlossene‹ Gewerkschaften verfügten sie über eng umgrenzte Rekrutierungsfelder, mit der Folge, dass – nach Erreichen einer gewissen Organisationsdichte – die

Mitgliederzahlen stagnierten, ja unter Umständen sogar schrumpften. 2. Vor allem mit der technischen Entwicklung und der Tendenz zur großbetrieblichen Produktion lösten sich die traditionellen Zuschnitte der Berufe auf; es entstanden neue Berufe, andere spalteten sich auf, so dass Grenzstreitigkeiten zwischen verschiedenen Berufsverbänden über die jeweiligen Rekrutierungsfelder keine Seltenheit waren.

Industriegewerkschaften

Am Ende des 19. Jahrhunderts, in der Periode der zweiten Industriellen Revolution (1880–1920) gelang den deutschen Gewerkschaften der Durchbruch zur Massenorganisation. Der Kern der Gewerkschaftsbewegung verlagerte sich auf jene Berufsgruppen und Gewerbezweige, die geprägt waren von der sich ausbreitenden industriellen Produktionsweise mit maschineller Massenproduktion (Fordismus) und fortschreitender Arbeitszerlegung (Taylorismus) bei gleichzeitiger Zusammenballung unterschiedlicher Berufsgruppen und Arbeiterkategorien in großbetrieblichen Produktionsstätten.

In der letzten Dekade des 19. Jahrhunderts bildeten sich erstmals Gewerkschaftsorganisationen der Hilfsarbeiter: 1890 der Verband der Fabrikarbeiter, 1891 der Verband der Baugewerkschaftlichen Hilfsarbeiter und 1897 der Zentralverband der Handels-, Transport- und Verkehrsarbeiter. Etwa zur gleichen Zeit entstanden – durch Verschmelzungen verwandter und branchengleicher Berufsgewerkschaften – die ersten Industriegewerkschaften auf deutschem Boden: 1891 der Deutsche Metallarbeiterverband und der

Deutsche Textilarbeiterverband und 1893 der Deutsche Holzarbeiterverband.

Die wirtschaftlich-technische Entwicklung seit dem ausgehenden 19. Jahrhundert, vor allem der Übergang zum industriellen Großbetrieb, die Ausdehnung der Arbeitsmärkte und die Zunahme der Mobilität der Arbeitskräfte hatten Konkurrenz und Austauschbarkeit erhöht und damit die natürliche Machtbasis der alten Berufsverbände unterminiert. Traditionelle Berufe verschwanden oder spalteten sich in verschiedene Spezialberufe auf, wieder andere entstanden völlig neu, wodurch die Organisationsgrenzen von Berufsgewerkschaften immer wieder neu in Frage gestellt wurden. Die wachsende Zahl der Hilfsarbeiter und Angelernten fand in den bestehenden Organisationen keine Aufnahme. Technische und arbeitsorganisatorische Rationalisierungen ließen traditionelle handwerkliche Arbeitsweisen und althergebrachte Gewohnheiten zunehmend veralten. In vielen Großbetrieben arbeiteten die unterschiedlichsten Berufsgruppen Hand in Hand. Und vollends die »wissenschaftliche Betriebsführung« Frederick Taylors und die Fließbandproduktion Henry Fords mit ihrer extremen Zergliederung und Atomisierung des Arbeitsprozesses veränderten die Produktionsbedingungen so nachhaltig, dass qualifizierte Arbeitskräfte mehr und mehr durch angelernte Arbeiter ersetzt werden konnten.

Neben diesen wirtschaftlich-technischen Gründen sprachen politische und organisationspolitische Gründe für das neue industriegewerkschaftliche Organisationsprinzip. Die um die Jahrhundertwende verstärkte Organisierung der Arbeitgeber in zentralen Verbänden ebenso wie die wiederkehrenden Grenzstreitigkeiten ließen es auf Gewerkschaftsseite in Hinblick auf eine wirksamere Interessendurchsetzung geboten erscheinen, der zwischengewerkschaftlichen Mitglieder- und Lohnkonkurrenz durch Zusammenschlüsse und Bildung einheitlicher Organisationen zu begegnen. Auf die Konzentrationstendenz des Kapitals wollten die Gewerkschaften – nach den Worten des Vorsitzenden des Metallarbeiterverbandes – mit einer »Gegenkonzentration« antworten.

Die alten, »horizontal« organisierenden Berufsverbände hatten den Charakter von exklusiven *occupational communities*. Ihre organisatorische Stärke beruhte auf den (oft schwer ersetzbaren) Qualifikationen ihrer Mitglieder und der von ihnen gepflegten beruflichen Solidarität. Demgegenüber konnten die neuen, »vertikal« organisierenden Industriegewerkschaften, mit ihrer Offenheit gegenüber allen Berufs- und Arbeiterkategorien in der gleichen Industrie, organisatorische Stärke nur durch die »große Zahl« und durch die Förderung von Klassensolidarität gewinnen. Obwohl auch hier häufig die Facharbeiter das Rückgrat der Organisation bildeten (was umso mehr zutraf, wenn sie durch Verschmelzung verschiedener Berufsgewerkschaften entstanden war), entwickelten sie – in negativer Abgrenzung zum Berufsdünkel und Kastengeist – eine Solidarität, die über den Beruf hinausging. Dem entsprachen die unterschiedlichen Zielsetzungen der beiden Organisationstypen. Die Berufsverbände waren den traditionellen Gruppeninteressen ihrer Berufsgenossen verpflichtet und verfolgten im wesentlichen partikulare Ziele, während die Industriegewerkschaften sich stärker auf die Vertretung verallgemeinerter Interessen, das heißt auf die Durchsetzung von allgemeingültigen Regeln (in Form des Standardlohns, des Normalarbeitstages und anderer genereller Tarif- oder Gesetzesnormen) konzentrierten. Anders als die früheren Berufsverbände hatten die Industriegewerkschaften mit weitaus größerem Widerstand der Arbeitgeber und ihrer Verbände zu rechnen. Besonders in der Groß- und Schwerindustrie ergriffen viele Unternehmer aktive Abwehrmaßnahmen (u. a. schwarze Listen) gegen die gewerkschaftliche Organisierung.

Die nach dem Fall des Sozialistengesetzes einsetzende »große Reorganisation der Gewerkschaftsbewegung«[10] bedeutete für die freien Gewerkschaften den Durchbruch zur Massenorganisation. Gleichwohl setzte sich in ihrem Organisationsbereich das Hauptinstrument gewerkschaftlicher Interessenpolitik, der Tarifvertrag, erst ganz allmählich durch, in vielen wichtigen Industriezweigen erst nach dem Ersten Weltkrieg.

Angestellten- und Beamtengewerkschaften

Gewerkschaften sind organisatorische Schöpfungen von Handwerkern und Arbeitern. In ihrer Entstehungszeit bildeten die Angestellten und Beamten noch eine relativ kleine und privilegierte Gruppe von Beschäftigten, deren soziale Distanz zu den gewerblichen Lohnarbeitern in der Regel größer war als zu Unternehmern und Dienstherren, mit denen sie in einem loyalen und meist vertrauensvollen Verhältnis standen.

Aber mit den zum Ende des 19. Jahrhunderts entstehenden Großbetrieben und Großverwaltungen und dem wachsenden Bedarf an staatlichen Aufgaben und Leistungen nahmen auch die Angestellten- und Beamtentätigkeiten rapide zu. Obwohl weiterhin durch eine besondere Form des Arbeitsvertrags und der Entlohnung honoriert, verloren Angestellte und Beamte mehr und mehr ihren privilegierten Status. Als eine Folge dieser sozialen Entwicklung kam es um die Jahrhundertwende zu ersten Gründungen gewerkschaftlicher oder gewerkschaftsähnlicher Organisationen von Handlungsgehilfen, technischen Angestellten und subalternen Beamten. Das weiterhin vorherrschende fachlich-berufliche Sonderbewusstsein der Angestellten und Beamten verhinderte indessen einen Zusammenschluss mit den Arbeitergewerkschaften.

Vor dem Ersten Weltkrieg gab es wenige Verbände, die eindeutig gewerkschaftliche Prinzipien vertraten, darunter waren als verhältnismäßig große Organisationen der 1897 gegründete Zentralverband der Handlungsgehilfen und Handlungsgehilfinnen sowie der 1904 entstandene Bund der Technisch-Industriellen Beamten. Der Deutsche Beamtenbund (DBB) wurde 1918 gegründet. In den Revolutionsjahren 1918/19 erfuhren die Beamten- und Angestelltenorganisationen eine Radikalisierung, die selbst noch den ehedem kaisertreuen Deutschen Handlungsgehilfenverband erfasste, der sich zur Vertretung genuin gewerkschaftlicher Interessen genötigt sah. Auch der Deutsche Beamtenbund wurde bald in Arbeitskonflikte und Streiks hineingezogen.

Selbst die freigewerkschaftlich orientierten Angestellten- und Beamtengewerkschaften schlossen sich zu separaten Dachorganisationen, dem Allgemeinen freien Angestelltenbund (AfA-Bund) und dem Allgemeinen Deutschen Beamtenbund (ADB), zusammen. Zwischen Allgemeinem Deutschen Gewerkschaftsbund (ADGB), AfA-Bund und ADB entwickelte sich zwar eine enge Kooperation, die auch ihren Niederschlag in einem Kartellvertrag zwischen den drei Bünden fand, aber die vor allem von den gemischten Verbänden (die zugleich Arbeiter und Beamte organisierten; z. B. Eisenbahner-Verband) erhobene Forderung nach einer gemeinsamen Dachorganisation für Arbeiter, Angestellte und Beamte blieb bis zum Ende der Weimarer Republik unerfüllt. Sicherlich wirkte sich auch im Hinblick auf diese Ziele die fehlende Grundlage der gewerkschaftlichen Organisierung nach dem »Betriebsprinzip« als hinderlich aus.

Verhältnis von Partei und Gewerkschaft

Der für die Arbeiterbewegung Europas seit der Zweiten Internationalen Arbeiterassoziation (1889–1914) charakteristische Organisationsdualismus von Partei und Gewerkschaft fand in Deutschland seine prototypische Ausprägung nach dem Durchbruch der Gewerkschaften zu Massenorganisationen gegen Ende des 19. Jahrhunderts.

Die Funktionsdifferenzierung und organisatorische Trennung zwischen Gewerkschaften und Sozialdemokratischer Partei wurde als Arbeitsteilung interpretiert. Der gewerkschaftliche Kampf um Lohnfragen und Arbeitsbedingungen wurde als ökonomische Reformarbeit, der parlamentarische Kampf um Sozial- und Arbeitsschutzgesetze als politische Reformarbeit verstanden. Darüber hinaus erhob allerdings die Partei den Anspruch, die gesamten Gegenwarts- und Zukunftsinteressen der Arbeiterklasse zu repräsentieren. Ihr Verhältnis zu den Gewerkschaften interpretierte die Partei als das Verhältnis des Ganzen zum Teil, woraus sie einen Führungsanspruch gegenüber den

Gewerkschaften ableitete und ihnen den subalternen Status von »Rekrutenschulen« (Bebel) oder »Vorschulen« (Marx) der Sozialdemokratie zuwies.

Dem Dualismus von Klassenpartei und sozialdemokratischen Richtungsgewerkschaften lag zwar eine faktische Identität der Ziele zugrunde, er schürte aber auch die organisatorische Rivalität. Den von der Partei beanspruchten Primat stellten die Gewerkschaften so lange in Frage, bis im Mannheimer Abkommen von 1906 eine Gleichberechtigung beider Organisationen herbeigeführt worden war. Darin hieß es: »Um bei Aktionen, die die Interessen der Gewerkschaften und der Partei gleichmäßig berühren, ein einheitliches Vorgehen herbeizuführen, sollen die Zentralleitungen der beiden Organisationen sich zu verständigen suchen.«[11] Zu dieser Vereinbarung war es nach einer heftigen Debatte, der sog. Massenstreikdebatte von 1905/06 gekommen. Der revolutionäre Flügel hatte gefordert, dass der wirtschaftliche Kampf dem politischen Kampf, die Tagesinteressen den Zukunftsinteressen unterzuordnen und Massenstreiks als »Bewegungsenergie« für revolutionäre Ziele zu nutzen seien. Demgegenüber setzte der reformistische Flügel, allen voran die Gewerkschaften, auf eine pragmatische Strategie der kleinen Reformschritte und wollte sich die Streikwaffe nicht aus der Hand nehmen lassen.

Gewerkschaften in der Weimarer Republik

Die Weimarer Republik bescherte den Gewerkschaften die volle Anerkennung durch Staat und Arbeitgeberschaft. Bereits während des Ersten Weltkriegs hatte der wilhelminische Staat, um seine Kriegspolitik abzusichern, einen

»Burgfrieden« mit Sozialdemokratie und Gewerkschaften geschlossen. Führende Gewerkschafter und Gewerkschaftsgremien wurden einbezogen in die soziale und wirtschaftliche Kriegsführung. Sie übernahmen Verantwortung und Aufgaben für den Arbeitsmarkt und den Frieden an der »Heimatfront«. Mit dem »Gesetz über den Vaterländischen Hilfsdienst« von 1916 wurde die institutionelle Einbindung der Gewerkschaften belohnt. Während es »der Unternehmerschaft (...) zutiefst zuwider« war,[12] feierte die Gewerkschaftsführung es als sozialpolitischen Durchbruch, weil damit ihre Anerkennung durch Staat und Arbeitgeber erfolgte.

Stärker noch als durch das »Hilfsdienstgesetz« fanden die Gewerkschaften in dem zwei Jahre später – im Schatten der sich abzeichnenden Niederlage und kurz nach Ausbruch der Novemberrevolution von 1918 – abgeschlossenen »Stinnes-Legien-Abkommen« ihre Anerkennung. Das von dem Ruhrindustriellen Hugo Stinnes und dem Vorsitzenden der freien Gewerkschaften, Carl Legien, unterzeichnete Abkommen über eine »Zentralarbeitsgemeinschaft der industriellen und gewerblichen Arbeitgeber und Arbeitnehmer Deutschlands« bezeichnete die Gewerkschaften als »berufene Vertreter der Arbeiterschaft« und gleichberechtigte Vertragspartner, denen die uneingeschränkte Koalitionsfreiheit sowie das Recht auf den Abschluss von Tarifverträgen zugebilligt wurde. Zudem schrieb das Abkommen die Einrichtung von Arbeiterausschüssen in allen Betrieben mit mindestens 50 Beschäftigten vor. Weitergehende Zugeständnisse der Unternehmer, wie der Achtstundentag und die Zusage, die Unterstützung der unternehmensabhängigen, »gelben Gewerkschaften« einzustellen, waren der damaligen politischen Situation geschuldet und wurden später von der Schwerindustrie, die in dem Abkommen ohnehin nur ein Not- und Zweckbündnis gesehen hatte, auch prompt wieder in Frage gestellt.[13] Der Rat der Volksbeauftragten ließ die Vereinbarung nur drei Tage später im »Reichsanzeiger« abdrucken und verlieh ihr damit »den Charakter einer Proklamation staatsrechtlichen Ranges«.[14] Mit seiner »Verordnung über Tarifverträge, Arbeiter- und Angestellten-Ausschüsse und Schlichtung von Arbeitsstreitigkeiten« vom 23. Dezember 1918 übernahm er wesentliche Bestandteile dieses verbandsautonomen Abkommens und legte damit die rechtlichen Grundlagen für Tarifautonomie und Betriebsverfassung, die dann auch Eingang in die Weimarer Verfassung von 1919 fanden. Sie garantierte nicht nur die Koalitionsfreiheit (Artikel 159), sondern erkannte ausdrücklich Arbeitnehmer- und Unternehmerorganisationen sowie die zwischen ihnen getroffenen Vereinbarungen an (Artikel 165). Wenig später fand im Betriebsrätegesetz von 1920 die Betriebsverfassung ihre detaillierte gesetzliche Regelung.

Das moderne kollektive Arbeitsrecht, das in wesentlichen Grundzügen auch für die spätere Bundesrepublik galt, wurde in der Weimarer Republik entscheidend durch Hugo Sinzheimer, einen bedeutenden sozialdemokratischen Juristen, geprägt. Indessen ließen die politisch turbulenten Weimarer Verhältnisse weder der Tarifautonomie noch der Betriebsverfassung genügend Luft zum Leben. Mit der Machtergreifung der Nationalsozialisten 1933 und der Zerschlagung der Gewerkschaften wurden die erkämpften sozialpolitischen Errungenschaften der Arbeiterbewegung für zwölf finstere Jahre rückgängig gemacht.

2 Kontinuität und Neubeginn nach 1945

Im Gegensatz zu den Anfängen der deutschen Gewerkschaftsbewegung ist das Gründungsdatum des Deutschen
Gewerkschaftsbundes (DGB) aktenkundig: er wurde am
13. Oktober 1949 in München als ein Verband von 16 Ein-
zel- und Industriegewerkschaften ins Leben gerufen. Vorausgegangen waren ihm zahlreiche betriebliche, lokale
und regionale Initiativen zum Wiederaufbau des Gewerk-
schaftswesens im Nachkriegsdeutschland.

Die Situation des Jahres 1945, in die Deutschland nach
der bedingungslosen Kapitulation und dem Zusammenbruch des Deutschen Reiches geraten war, wird mit einer
populären Metapher nicht selten als »Stunde null« bezeichnet. Es schien, als hätte das Alte abgewirtschaftet und
das Land wäre offen für einen Neuanfang gewesen. Wenn
auch die Nachkriegsliteratur sich damals als »Kahlschlag-
literatur« gerierte, blieb die Realgesellschaft in ihrem Kern
davon weitgehend unberührt. Die Geschichte macht nur
selten derart angekündigte Sprünge. Rückblickend charak-
terisierte der Soziologe und in jener Phase gewerkschafts-
politische Aktivist Theo Pirker die Jahre nach 1945 als eine
Zeit, »in der alles möglich schien und in der tatsächlich so
wenig möglich war«.[1]

Zwar waren die alten Machteliten aus Industrie, Militär,
Justiz und Wissenschaft durch ihre Komplizenschaft mit
dem Nationalsozialismus diskreditiert, aber die politischen und wirtschaftlichen Sanktionen der westlichen Besatzungsmächte gegen sie hatten einen äußerst selektiven
Charakter und wurden vorsichtig dosiert. Am stärksten
traf es die militärischen und politischen Eliten, schon in

weit geringerem Ausmaß die schwerindustriellen »Wirtschaftsführer« an der Ruhr, deren Konzerne zwar von den Alliierten zunächst beschlagnahmt und entflochten wurden, die aber bis auf wenige, unter ihnen Alfried Krupp und Friedrich Flick, persönlich unbehelligt blieben. Die Eigentumsverhältnisse, sprich: der Besitz an den Produktionsmitteln, blieben bis auf die vorübergehende Beschlagnahme der montanindustriellen Konglomerate unangetastet. Weitgehend ungeschoren kamen Justiz und Wissenschaft davon.

Wenn auch keine Stunde null, war es doch eine Stunde der Gewerkschaften. Ihr Führungspersonal hatte zwar in den ersten Tagen des Dritten Reiches keine gute Figur gemacht, als es 1933 zusammen mit den Nazis zum »Tag der nationalen Arbeit« (1. Mai) aufgerufen hatte und am Tag danach zusehen musste, wie diese kaltblütig ihre Gewerkschaftshäuser besetzten. Aber viele Gewerkschafter waren in Zuchthäuser und Konzentrationslager verschleppt worden, andere waren in den Widerstand gegangen oder emigriert, wiederum andere hatten die »Überwinterungs-Strategie« des Rückzugs ins private Leben gewählt. In den Nachkriegsjahren wurden sie, wie andere unbelastete Bürger, von den Alliierten zum Wiederaufbau von Verwaltung und öffentlichen Institutionen aktiv einbezogen.

Frühe Initiativen zur Gewerkschaftsgründung

Ihre Initiativen zur Wiederbegründung von Gewerkschaften lassen sich auf das unmittelbare Kriegsende zurückdatieren. Am 18. März 1945, eine Woche nach der Einnahme Kölns, entstand in Aachen die erste Gewerkschaft auf deutschem Boden. Und während noch in den rechtsrheinischen Teilen Kölns gekämpft wurde, fing man bereits im linksrheinischen Köln an, Gewerkschaften vorzubereiten.[2]

Gleichwohl blieben die ersten Initiativen zur Gewerkschaftsbildung zunächst auf die betriebliche und kommunale Ebene beschränkt; denn die Militärregierungen im Westen Deutschlands verlangten einen Gewerkschaftsaufbau von unten nach oben. Die stufenweise Entwicklung sollte demokratische Strukturen in den gewerkschaftlichen Organisationen begünstigen. Das Misstrauen der Sieger gegenüber den Besiegten machte auch vor den Anhängern freier Gewerkschaften nicht halt. Nicht selten wurden von konservativ denkenden Offizieren der Besatzungsmächte gewerkschaftliche Neugründungen wieder aufgelöst.

Den Fahrplan für den Gewerkschaftsaufbau hatte die britische Militärregierung in einer *Industrial Relations Directive* vom April 1946 wie folgt festgelegt:

> Die Organisation der Gewerkschaften soll in drei Phasen aufgeteilt werden:
> 1. Die einführende, erprobende und vorbereitende Periode
> 2. Die Periode einer vorläufigen Entwicklung
> 3. Die Periode des Wachstums, die der Errichtung einer gesunden Verfassungsbasis folgt.
> Die Militärregierung wird sich hauptsächlich mit den beiden ersten Perioden zu befassen haben.[3]

Vorgesehen in der ersten Phase war die örtliche Gründung von Gewerkschaften. In der zweiten Phase sollten ihnen Beitragskassierung und Mitgliederwerbung gestattet werden; aber erst in der dritten Phase sollten sie überörtliche Organisationen bilden dürfen.

Gleichwohl verlief die Entwicklung regional sehr unterschiedlich, da sich die Besatzungsmächte nicht auf ein einheitliches Konzept für den Aufbau der Arbeitnehmerorganisationen einigten. Sie räumten den Gewerkschaftern in der britischen Zone verhältnismäßig günstigere Arbeitsmöglichkeiten ein als in der US-amerikanischen und in der französischen. Während in der britischen Zone der örtliche Aufbau bereits unmittelbar nach der Befreiung begann, erlaubte die amerikanische Militärbehörde erst nach der Konferenz von Potsdam (17. Juli bis 2. August 1945), örtliche Gewerkschaften aufzubauen.

Die Initiativen zum örtlichen Aufbau der Gewerkschaften vollzogen sich weitgehend isoliert voneinander, da Verkehrs- und Postverbindungen oft unterbrochen und Reisen verboten waren. Es waren die ersten lizensierten deutschen Zeitungen, die ab August 1945 auch Nachrichten über örtliche Gewerkschaftsgründungen verbreiteten, welche einen überlokalen Zusammenhang herstellten.

Vor allem überregionale Aktivitäten der Arbeitnehmervertretungen behinderten die Besatzungsmächte in Westdeutschland. Erste Gewerkschaftskonferenzen in der britischen Zone fanden im März 1946 in Hannover und im August 1946 in Bielefeld statt. Der erste gewerkschaftliche Zusammenschluss in einem Land entstand am 24. August 1946. Es war der Freie Gewerkschaftsbund Hessen. Ihm folgten der Gewerkschaftsbund Württemberg-Baden und im März 1947 der Bayerische Gewerkschaftsbund. Auf Zonenebene erlaubten weder die amerikanischen noch die französischen Militärbehörden Zusammenschlüsse von

Gewerkschaften. Nur im britisch besetzten Gebiet (mit den Landesgebieten Nordrhein, Westfalen, Niedersachsen, Hamburg und Schleswig-Holstein) schlossen sich Gewerkschaften zonenweit zusammen. Hier entstanden sieben Gewerkschaftsverbände. Als gemeinsames Gremium konstituierten sie einen Gewerkschaftsrat (April 1947) unter dem Vorsitz von Hans Böckler. Dem folgten später bizonale (November 1947) und trizonale Zusammenschlüsse (Dezember 1948).

Einheitsgewerkschaft – zentral oder föderal

Die anfängliche lokale Begrenzung gewerkschaftlicher Initiativen führte häufig zur Bildung von einheitsgewerkschaftlichen Organisationen meist noch ohne Untergliederung nach Industrien und Gewerbezweigen. Weit verbreitet war der Wille zur Überwindung des Weimarer Erbes der nach parteipolitischen und konfessionellen Strömungen getrennten Richtungsgewerkschaften. Schon gegen Ende der Weimarer Republik, vollends aber in der Zeit des Verbots und der Verfolgung, waren viele Gewerkschafter zu der Überzeugung gelangt, dass der Wiederaufbau nicht dem Modell der Richtungsgewerkschaften folgen dürfe – hatte man doch in der partei- und organisationspolitischen Zersplitterung der Arbeiterbewegung auch eine wichtige Ursache der Niederlage gegenüber dem Nationalsozialismus erkannt. Es herrschte folglich Konsens im Votum für die Einheitsgewerkschaft statt Richtungsgewerkschaft. Weniger einig war man sich jedoch in der Frage, ob die zu bildende Einheitsgewerkschaft zentralistisch oder föderalistisch aufgebaut sein sollte.

Unter Einheitsgewerkschaft verstand man in den unmittelbaren Nachkriegsjahren nicht nur das Gegenmodell zur Richtungsgewerkschaft, sondern auch die Organisierung aller Arbeitnehmer in einer Organisation, das heißt unter dem Dach einer »Allgemeinen Gewerkschaft« nach dem Vorbild der Deutschen Arbeitsfront (DAF). Ja, auch wenn es heute recht unglaubwürdig klingt, Hans Böckler und die aus Schweden zurückgekehrte Emigrantengruppe um Fritz Tarnow wollten die DAF gewissermaßen weiterführen, einschließlich Zwangsmitgliedschaft, allerdings mit demokratisch gewählten Funktionären.[4] Auch Vertreter der radikalen Linken wie der KPD befürworteten diese Organisationsform, mit der sie die Vorstellung einer schlagkräftigen Klassenorganisation verbanden. Demgegenüber vertraten die Gewerkschafter, die aus der englischen Emigration kamen, das Prinzip autonomer Industriegewerkschaften mit einem gemeinsamen Dachverband.

Von seiner Vorstellung einer obligatorischen Mitgliedschaft musste Böckler mit Rücksicht auf die Militärregierung schon bald abrücken. Wesentlich länger dauerte es, bis er einsah, dass die Alliierten auch seine Idee der zentralistischen Einheitsgewerkschaft mit nachgegliederten Industriegruppen keineswegs akzeptierten. Zwar hatten diese sich förmlich verpflichtet, den deutschen Gewerkschaftern die Entscheidung über die Organisationsform zu überlassen, aber überall dort, wo die einheitsgewerkschaftliche Idee umgesetzt werden sollte, erzwangen sie letztlich deren Verzicht zugunsten autonomer Industriegewerkschaften. Bestärkt wurden sie dazu in der britischen Zone auch durch den britischen Gewerkschaftsbund

(Trade Union Congress), dessen Delegation nach einem Deutschland-Besuch im November 1945 geraten hatte, diese Idee von Einheitsgewerkschaft aufzugeben.[5] Böckler empfahl daraufhin, »zunächst autonome Gewerkschaften aufzubauen, ohne unsere weitgehenden und zusammenfassenden Pläne aus dem Auge zu verlieren«.[6] Dafür erhielt er schon im Januar 1946 die Zustimmung der Militärregierung.

In der amerikanischen Besatzungszone (Hessen, Bayern, Württemberg-Baden) entstanden verschiedene Initiativen, die sowohl zur Gründung von Zentralorganisationen wie von autonomen Industriegewerkschaften führten. So genehmigte die Militärregierung in Frankfurt im November 1945 die Gründung von vierzehn Industriegewerkschaften und einem örtlichen »Gewerkschaftsbund«. Auf seinem 1. »Bundestag« am 24. und 25. August 1946 konstituierte sich der Freie Gewerkschaftsbund Hessen (FGB) als Dachorganisation selbständiger Industriegewerkschaften. Ihr Erster Vorsitzender wurde Willi Richter, der schon maßgeblich am gewerkschaftlichen Aufbau in Frankfurt beteiligt war. Auch innerhalb des Bayerischen Gewerkschaftsbundes senkte sich spätestens seit 1947 die Waage zugunsten autonomer Industriegewerkschaften,[7] welche die amerikanische Militärbehörde gegenüber Formen zentralistischer Organisierung offen vorzog.

Durch die Intervention der westlichen Besatzungsmächte nahmen schließlich die neuen Gewerkschaften jene Organisationsformen an, die in der Kontinuität der Weimarer Republik standen – mit der wichtigen Ausnahme, dass sie die Trennung nach Richtungsgewerkschaften überwunden hatten –, und nicht die von Böckler gewollte Form der »alles umfassenden Einheitsgewerkschaft«. Den Gedanken, sie später doch noch realisieren zu können, mochte er jedoch jahrelang nicht aufgeben.[8]

Gründung des Deutschen Gewerkschaftsbundes

Auf dem Gründungskongress des Deutschen Gewerkschaftsbundes (DGB) vom 12. bis 14 Oktober 1949 in München war die Frage nach der künftigen gewerkschaftlichen Organisationsstruktur für die kommenden Jahrzehnte durch die Kombination der Prinzipien Einheitsgewerkschaft und Industrieverband geklärt. Unter dem gemeinsamen Dach DGB vereinigten sich 16 einheitsgewerkschaftliche Industrieverbände für das gesamte Bundesgebiet (siehe Tabelle 1).

Gemeinsam repräsentierten sie im Gründungsjahr knapp 5 Mio. Mitglieder, freilich mit einer Mitgliederspanne von 47 000 (GEW) bis 1,2 Mio. (IGM). Erstaunlicherweise hatte diese Organisationsstruktur mit geringfügigen Veränderungen über vier Jahrzehnte lang Bestand. Als 17. Einzelgewerkschaft schloss sich 1978 die Gewerkschaft der Polizei dem DGB an. Nach der Fusion zweier Gewerkschaften, der IG Druck und Papier mit der Gewerkschaft Kunst zur IG Medien, zählte der DGB ab 1989 wieder 16 Mitgliedsgewerkschaften, und das sollte bis Ende der 1990er Jahre auch so bleiben.

Zu seinem Ersten Vorsitzenden wurde der damals 74jährige Hans Böckler gewählt, der mit Konrad Adenauer und Kurt Schumacher zu den wegweisenden Persönlichkeiten im Nachkriegsdeutschland zählte. Aus einer ländlich-proletarischen Familie in Mittelfranken stammend, wuchs

Gewerkschaft	Mitglieder abs.	Mitglieder %
Industriegewerkschaft Bau, Steine, Erden (IG BSE)	405 536	7,4
Industriegewerkschaft Bergbau (IG Bergbau)	580 661	10,6
Industriegewerkschaft Chemie, Papier, Keramik (IG CPK)	409 998	7,5
Industriegewerkschaft Druck und Papier (Drupa)	133 074	2,4
Gewerkschaft der Eisenbahner (GdED)	426 059	7,8
Gewerkschaft Erziehung und Wissenschaft (GEW)	61 037	1,2
Gewerkschaft Gartenbau, Land- und Forstwirtschaft (GGLF)	103 404	1,9
Gewerkschaft Handel, Banken und Versicherung (HBV)	63 600	1,2
Gewerkschaft Holz (GH)	189 661	3,5
Gewerkschaft Kunst (GK)	41 924	0,8
Gewerkschaft Leder (GL)	100 412	1,9
Industriegewerkschaft Metall (IGM)	1 352 010	24,8
Gewerkschaft Nahrung, Genuss, Gaststätten (NGG)	259 186	4,7
Gewerkschaft Öffentliche Dienste, Transport und Verkehr (ÖTV)	726 004	13,3
Deutsche Postgewerkschaft (DPG)	190 500	3,5
Gewerkschaft Textil und Bekleidung (GTB)	409 924	7,5
Deutscher Gewerkschaftsbund (DGB)	**5 449 990**	**100**

Tabelle 1: Gewerkschaften und Mitglieder des DGB, 31.12.1950

Hans Böckler in Fürth auf und verlor früh seinen Vater; er absolvierte eine Lehrzeit als Metallschläger und eine mehrjährige Wanderzeit als Geselle. Zurück in Fürth, trat er als 19jähriger der SPD und dem Deutschen Metallarbeiter-Verband (DMV) bei. Für seine Gewerkschaft war er zunächst als Vertrauensmann und in anderen Ehrenämtern tätig, bevor sie ihn als hauptamtlichen Gewerkschaftssekretär (»Gewerkschaftsbeamten« nach damaligem Sprachverständnis) zunächst ins Saargebiet, später nach Frankfurt, Breslau und Berlin schickte. Nach einer Verwundung im Ersten Weltkrieg wurde er 1915 aus dem Wehrdienst entlassen und nahm seine gewerkschaftliche Tätigkeit wieder auf. Ab 1920 wurde Köln seine neue Heimatstadt, wo er das Amt des ersten Bevollmächtigten des DMV wahrnahm. 1927 wechselte er als Bezirksvorsitzender zum Allgemeinen Deutschen Gewerkschaftsbund (ADGB) in Düsseldorf; 1928 erhielt er ein Reichstagsmandat für die SPD. Während der Nazizeit zog er sich zurück in sein Haus in Köln-Bickendorf, wo er als Pensionär lebte mit wenigen, unauffälligen Kontakten und ohne aktive Beteiligung am Widerstand; seine von ihm in einem Fragebogen angeführten Kontakte zum Wilhelm-Leuschner-Kreis sind nicht dokumentiert. Er wurde kurzfristig inhaftiert, sein Haus mehrfach durchsucht. Zwei Jahre nach der Gründung des DGB starb er 76jährig in Köln.[9]

Unter den übrigen zehn Vorstandsmitgliedern befanden sich mit Matthias Föscher (als einem der beiden stellvertretenden Vorsitzenden) ein aus der christlichen Gewerkschaftsbewegung und mit Ludwig Rosenberg (dem späteren DGB-Vorsitzenden) ein aus der Angestelltenschaft stammender Funktionär.

Verbandliche Arbeitsteilung – organisatorischer Aufbau

Die Aufgaben zwischen dem DGB und seinen Mitgliedsgewerkschaften wurden so verteilt, dass der Bund die Vertretung der gemeinsamen Interessen aller Gewerkschaften, insbesondere in der Wirtschafts-, Sozial- und Finanzpolitik, sowie die Pflege der Beziehungen zu Parlamenten und Behörden übernahm. In seine Zuständigkeit fiel des weiteren die Besetzung der den Gewerkschaften zustehenden Mandate in Organen (z. B. Rundfunkrat, freiwillige Selbstkontrolle) und in Selbstverwaltungsgremien der Wirtschaft, Sozial- und Arbeitsverwaltung wie auch bei den Arbeitsgerichten.

Das gesamte Tarifwesen einschließlich der Führung von Arbeitskämpfen blieb ausschließliche Domäne der Einzelgewerkschaften, die auch für die konkrete Betriebsarbeit und die betriebliche Interessenvertretung zuständig waren. Sie behielten die Finanzhoheit und führten einen Anteil von (damals) 15 Prozent ihrer Beitragseinnahmen an den Bund ab.

Als formalen Aufbau ihrer Organisation wählten der DGB und die Einzelgewerkschaften eine dreigliedrige (bei manchen Gewerkschaften auch viergliedrige) Struktur nach räumlichen Kriterien. Von der Orts- und Kreisebene über die Bezirksebene bis zur Bundesebene erstreckt sich ein *mehrstufiges Delegiertensystem,* dem auf jeder Ebene ein beschlussfassendes Repräsentativorgan und ein ausführendes Leitungs- oder Exekutivorgan zugeordnet ist (siehe Übersicht 1).

Ebene	Repräsentativorgan	→ Exekutivorgan
Verwaltungsstelle	Vertreterversammlung (VV) (von den Mitgliedern gewählt)	→ Ortsverwaltung
Bezirk	Bezirkskonferenz (Delegierte der VV)	→ Bezirksleitung
Bund	Gewerkschaftstag (Delegierte der VV)	→ Vorstand

(→ wählt)

Übersicht 1: Formaler Organisationsaufbau der IG Metall

Auf der lokalen Ebene der Verwaltungsstelle ist das Repräsentativorgan die von den Mitgliedern gewählte Vertreterversammlung, die das örtliche Leitungsorgan, die Ortsverwaltung (bzw. den Verwaltungsstellenvorstand) sowie die Delegierten für die Repräsentativorgane der beiden höheren Ebenen wählt.

Darüber, auf der Länderebene, werden die Verwaltungsstellen in Bezirke zusammengefasst. Ihr beschlussfassendes Organ ist die Bezirkskonferenz und deren Exekutivorgan die Bezirksleitung (bzw. der Bezirksvorstand). In Abweichung von den Satzungen anderer Gewerkschaften schreibt die der IG Metall die Wahl nur des ehrenamtlichen Teils des bezirklichen Leitungsorgans vor; der hauptamtliche Teil wird vom Vorstand bestellt. Die Bezirkskonferenz wählt auch die Mitglieder des Beirats.

Auf Bundesebene ist der Gewerkschaftstag das höchste beschlussfassende Organ. Exekutivorgan ist der von den Delegierten des Gewerkschaftstags gewählte Vorstand (bzw. Hauptvorstand), der sich aus einem geschäftsführenden Vorstand mit hauptamtlichen Mitgliedern und einem erweiterten Vorstand mit ehrenamtlichen Mitgliedern zusammensetzt. Daneben gibt es noch den Beirat, ein Interimsorgan, das zwischen den Gewerkschaftstagen als höchstes beschlussfassendes Gremium fungiert und dem (in der IG Metall und einigen anderen Gewerkschaften) der gesamte Vorstand ex officio angehört. Ein weiteres Organ, der Kontrollausschuss, dient der Prüfung von Mitgliederbeschwerden gegen den Vorstand; auch seine Mitglieder werden vom Gewerkschaftstag gewählt und dürfen keine Funktionen in der Organisation ausüben.

Das Problem der innerverbandlichen Demokratie

Gewerkschaften benötigen zur Durchsetzung insbesondere ihrer tarifpolitischen Ziele Organisationsmacht, die sie letztlich nur durch ihre Mitglieder ausüben können. Um die Einheitlichkeit des Handelns, beispielsweise im Tarifkonflikt, und die Verpflichtungsfähigkeit gegenüber dem Tarifkontrahenten sicherzustellen, müssen sie gleichzeitig Macht über die Mitglieder ausüben können. Dazu ist es erforderlich, die Mitglieder organisationspolitisch zu integrieren durch ihre Beteiligung an der internen Willensbildung.

Innergewerkschaftliche Demokratie lässt sich freilich nicht nur derart funktionalistisch begründen. Zwei weitere Begründungen verdienen Erwähnung. Zum einen fordert das demokratische Selbstverständnis, welches Gewerkschaften seit ihrer Gründungszeit eigen und überdies in den meisten Satzungen festgelegt ist, ihnen die Selbstverpflichtung zum demokratischen Aufbau ab. Zum anderen vertritt die in der verfassungs- und arbeitsrechtlichen Literatur nahezu einhellige Rechtsmeinung, dass die Gewerkschaften – ähnlich wie die politischen Parteien – unter dem Verfassungsgebot der demokratischen Legitimation und Willensbildung von unten nach oben stehen. Begründet wird diese Auffassung mit den öffentlichen Funktionen der Gewerkschaften, vornehmlich mit der Koalitionsfunktion, das heißt im einzelnen mit der »Normsetzungsbefugnis« durch Tarifverträge beziehungsweise mit der Koalitions- und Tariffähigkeit. Generell und zusammenfassend heißt es dazu in einem bekannten Lehrbuch des Arbeitsrechts:

»Die innere Ordnung des Verbandes und seine Willensbildung muss auf demokratischen Grundsätzen beruhen. Das entspricht angesichts der großen Bedeutung der Koalitionen, ihrer Verantwortlichkeit und ihrer Legitimation gegenüber dem Staat und ihren Mitgliedern, namentlich zur tariflichen Regelung und zum Arbeitskampf den Grundforderungen des demokratischen und sozialen Rechtsstaates (Art. 20, 28 GG). Das, was Art. 21 Abs. 1 Satz 2 GG für die Parteien bestimmt, muss auch für die Koalitionen gelten. Nur dann kann den Mitgliedern die Bindung an den Tarifvertrag und an Arbeitskampfbeschlüsse zugemutet werden. Daher kein Führerprinzip, entscheidende Mitwirkung der Mitglieder, namentlich aktives und passives Wahlrecht, freie Meinungsäußerung, Mehrheitsprinzip, Gleichheitsgrundsatz usw.«[10]

Das Problem der innergewerkschaftlichen Demokratie besteht in jener unauflöslichen Spannung zwischen dem Zwang zur Einheitlichkeit des Handelns und der Notwendigkeit, die Mitglieder an der Willensbildung und Entscheidungsfindung partizipieren zu lassen. In der sozialwissenschaftlichen Literatur wird es auch als »Dilemma zwischen Bürokratie und Demokratie« thematisiert.

Ein kritischer Analytiker der deutschen sozialistischen Arbeiterbewegung, der Soziologe Robert Michels, hat aus seinen Erfahrungen und Beobachtungen in seiner 1911 erschienenen Soziologie des Parteiwesens den Schluss gezogen, dass jede Massenorganisation zur »Herrschaft der Gewählten über die Wähler, der Beauftragten über die Auftraggeber, der Delegierten über die Delegierenden« tendiert.[11] Damit ist die Quintessenz des von Michels aufgestellten »ehernen Gesetzes der Oligarchie« formuliert, dem zufolge die Mitglieder in eine irreversible Abhängigkeit von den Führungen geraten müssen. Neben fragwürdigen psychologischen Ursachen (wie »Unreife der Massen« und »Geltungsbedürfnis der Führer«) nennt Michels eine Reihe organisationstechnischer und organisationspolitischer Zwänge zur Zentralisierung und Oligarchisierung: für das Funktionieren großer Organisationen seien Fachwissen, arbeitsteilige Verwaltung, Hierarchie der Kompetenzen, zentrale Leitung, schnelle Entschlüsse und damit oligarchisch-bürokratische Strukturen unvermeidlich.

Tatsächlich haben auch spätere Untersuchungen die Befunde Michels' insoweit bestätigt, als die Sozialforscher starke Tendenzen zur Oligarchisierung und bürokratischen Zentralisierung der Gewerkschaften belegten, mit der Folge einer Erosion der innergewerkschaftlichen Demokratie. Wiederum andere sahen in diesen Tendenzen eine gewisse Folgerichtigkeit: Gewerkschaften müssen die Mitgliederbeteiligung von den politikrelevanten Entscheidungen der Organisation abkoppeln, um bei ihren Vereinbarungen mit den Vertragspartnern kompromiss- und verpflichtungsfähig zu bleiben. Andererseits sind die Mitglieder auf Akzeptanz und Einhaltung von Kompromissen zu verpflichten, wenn diese ihnen gegenüber legitimierbar sind.

Nach Hansjörg Weitbrecht besteht folgendes Dilemma: »Für die Kompromissfähigkeit wird eine geringe Beteiligung, für die Verpflichtungsfähigkeit eine hohe Beteiligung der Mitglieder an Entscheidungsprozessen gefordert.«[12] Dieses Dilemma lässt sich auflösen, indem die tarifpolitischen Entscheidungsprozesse von den Willensbildungsprozessen, die der Verpflichtung der Mitglieder dienen, abgetrennt werden: »Entscheidungsprozessen mit quasi-demokratischer Beteiligung auf der einen Seite müssen also demokratische Beteiligungsprozesse mit Quasi-Entscheidungen auf der anderen entsprechen.«[13] Mit anderen Worten: Die Gewerkschaften können die Demokratie als Anspruch nicht aufgeben (weil sie dann ihre Mitglieder nicht verpflichten können), aber auch nicht uneingeschränkt praktizieren (weil sie dann ihre Kompromissfähigkeit einbüßen).

Innere Zerreißproben

Als frisch gekürte Einheitsgewerkschaften hatten der DGB und seine Mitgliedsgewerkschaften einige Zerreißproben zu bestehen. Die erste mit den Kommunisten, die zwar nur eine Minderheit unter den Mitgliedern stellten, aber zu den aktivsten zählten. Die (westdeutsche) KPD hatte auf ihrem exterritorialen Weimarer Parteitag 1951 Thesen zur politischen Lageeinschätzung verabschiedet, in denen sie sich insbesondere gegen die Westintegration und die Wiederbewaffnung der Bundesrepublik wandte. Brisant für die Gewerkschaften war die These 37, in der die »rechten Gewerkschaftsführer« beschuldigt wurden, »die Gewerkschaftsorganisationen in den Dienst der Kriegsvorbereitung« zu stellen. Die kommunistischen Mitglieder wurden darin zum sorgfältigen Studium von Lenins und Stalins Meinungen über die deutschen Gewerkschaften verpflichtet und zum Kampf gegen die rechte Gewerkschaftsführung, auch in Kampfausschüssen mit Unorganisierten, aufgefordert. Der DGB und seine Gewerkschaften reagierten darauf mit einer Reverspolitik, das heißt, ihren der KPD angehörigen besoldeten Funktionären verlangten sie die Unterschrift unter eine Erklärung ab, welche sie verpflichtete, die KPD-Thesen als gewerkschaftsfeindlich abzulehnen und ihren Tendenzen entgegenzutreten. Infolge dieser Aktion wurden über 600 Funktionäre (die Hälfte davon aus der IG Metall), die ihre Unterschrift verweigerten, wegen »gewerkschaftsschädigenden Verhaltens« ausgeschlossen. Für die KPD bedeutete dies einen Aderlass, durch den sie ihren innergewerkschaftlichen Einfluss einbüßte, den sie auch nicht mehr wiedergewinnen konnte, nachdem sie auf dem Parteitag von 1954 die These 37 wieder aufgehoben hatte.[14]

Weitere innerorganisatorische Spannungen bereiteten die Organisierung der Angestellten und die ideologische Auseinandersetzung mit dem christlichen Gewerkschaftsflügel, der sich zudem bei der Besetzung der Ämter nicht ausreichend berücksichtigt sah. Die Auseinandersetzungen führten in der Folge zur Bildung separater Verbände.

Gewerkschaften außerhalb des DGB

Trotz des verbreiteten Willens zur Einheitsgewerkschaft gelang es den Gründern des DGB nicht, alle Arbeitnehmergruppen unter seinem Dach zu vereinigen. Schon im Juli 1945 schlossen sich in Hamburg Angestellte zu einer Deutschen Angestelltengewerkschaft zusammen. Nach intensivem Werben für den Aufbau von Orts- und Bezirksgruppen der Angestellten in der britischen Zone berief sie ein Jahr später, im Mai 1946, eine Angestelltenkonferenz für die gesamte britische Zone nach Hamburg. Die Mehrheit der relativ zufällig zusammengesetzten Konferenzteilnehmer verlangte eine reine Angestelltengewerkschaft als Mitgliedsorganisation des Gewerkschaftsbundes. Auch in der amerikanischen und französischen Zone bildeten sich Angestelltengewerkschaften.

Der ins Auge gefasste Kompromiss, die Angestellten in einer eigenen Gewerkschaft unter dem Dach des DGB zu organisieren, hätte eine Aufweichung des Industrieverbandsprinzips zur Folge gehabt. Wollten dessen Verteidiger die – in ihrem Verständnis – »Statusinteressen« der Angestellten nicht konservieren, dann beharrten dessen Opponenten auf der Berücksichtigung berechtigter Berufsinteressen der Angestellten und befürchteten, als Minderheit in den Industriegewerkschaften majorisiert zu werden.

Die intensiven Bemühungen um eine Lösung des Konflikts scheiterten schließlich. Bereits ein halbes Jahr vor der offiziellen Gründung des DGB fand am 12./13. April 1949 in Stuttgart-Bad Cannstatt der Vereinigungskongress der *Deutschen Angestellten-Gewerkschaft (DAG)* statt. Als die kleinere Konkurrenz des DGB existierte sie über ein halbes Jahrhundert als eigenständiger Dachverband der nach Berufsgruppen und Landesverbänden organisierten Angestelltengewerkschaften. Im Jahre 2001 kam sie durch die Großfusion mit vier anderen Dienstleistungsgewerkschaften des DGB zur Vereinten Dienstleistungsgewerkschaft (ver.di) schließlich unter das Dach des DGB.

Als *Deutscher Beamtenbund (DBB)* wurde am 21./22. März 1950 in Bonn eine weitere »Standesorganisation« außerhalb des DGB gegründet. Auch er ist ein Dachverband mit zahlreichen Mitgliedsverbänden. Charakteristisch für ihn ist, dass er mehrheitlich Beamte organisiert, für die Entgelt und Arbeitszeiten durch Gesetze geregelt werden, aber auch Angestellte des öffentlichen Dienstes, deren Entlohnungs- und Arbeitsbedingungen in Tarifverträgen vereinbart werden. Das Verhältnis von Beamten und Angestellten in der Mitgliederstruktur beträgt etwa 4:1.

Während sich DAG und DBB von vornherein außerhalb und neben dem DGB formierten, geht die Gründung des *Christlichen Gewerkschaftsbundes (CGB)* auf eine spätere Abspaltung von christlichen Gewerkschaftsmitgliedern zurück. Zur Bildung der Einheitsgewerkschaft hatte der ehemalige Zentrumspolitiker und christliche Gewerkschafter Jakob Kaiser aktiv beigetragen. Unter seinem Vorsitz schlossen sich die in der CDU/CSU aktiven Gewerkschafter in Herne Ende November 1947 zu Christlich-Demokratischen Arbeitnehmerausschüssen (CDA) zusammen. Wiederkehrende Konflikte zwischen ihnen und den DGB-Gewerkschaften aufgrund ideologischer Differenzen und der als unzureichend angesehenen Repräsentation in den gewerkschaftlichen Organen bewogen schließlich einen Teil der christlich-sozialen Mitgliedschaft auszutreten und am 27. Juni 1959 in Mainz den Christlichen Gewerkschaftsbund zu gründen.

Exkurs: Abweichende Entwicklung in Ostdeutschland

In der sowjetischen Zone (SBZ) wurde der Neuaufbau der Gewerkschaften eher forciert als behindert. Bereits am 10. Juni 1945 erlaubte die sowjetische Militäradministration die Gründung von »antifaschistischen Parteien und Gewerkschaften«, und schon am 9./11. Februar 1946 wurde der *Freie Deutsche Gewerkschaftsbund (FDGB)* als Dachorganisation von 15 Industriegewerkschaften in Berlin gegründet.

Die von der sowjetischen Militäradministration unterstützte KPD versuchte von vornherein die Gewerkschaften für ihre parteipolitischen Ziele nutzbar zu machen. Sie trat ihnen mit einem Führungsanspruch entgegen und betrachtete sie in leninistischer Tradition als eine entscheidende »Transmission« der Partei zur Arbeiterklasse. Ihren Einfluss suchte die KPD vornehmlich bei der Besetzung von gewerkschaftlichen Funktionärsposten geltend zu machen, was in den ersten Jahren freilich nicht überall gelang. Auch nach der Vereinigung von KPD und SPD zur Sozialistischen Einheitspartei (SED) im April 1946 konnten sich in einigen Gewerkschaften noch eine Zeitlang aus der SPD stammende Funktionäre behaupten.

Eine radikale Ersetzung durch kommunistische Kader konnten sich Partei- und Gewerkschaftsführung vorerst nicht leisten, weil sie Rücksicht nehmen mussten auf die

Gewerkschaften der Westzonen, mit denen sie seit November 1946 auf Interzonenkonferenzen zusammentrafen, deren Zielsetzung ein gesamtdeutscher Gewerkschaftsbund war. Die fortschreitende Spaltung Deutschlands schlug sich in den Beziehungen zwischen den Gewerkschaften beider Landesteile nieder. Im August 1948 wurden die Kontakte abgebrochen. Zwar hatten die Gewerkschaften der Westzonen damals noch sozialistische Ziele (wie die Vergesellschaftung der Schlüsselindustrien) angestrebt, die sie aber nicht nach sowjetischem Vorbild, sondern im Rahmen einer freiheitlichen und demokratischen Grundordnung erreichen wollten.

Mehr und mehr setzte der FDGB das leninistische Prinzip des »demokratischen Zentralismus« durch. Anders als der DGB behauptete sein ostdeutsches Pendant eine Oberhoheit über die Mitgliedsgewerkschaften, welche die Beschlüsse des Bundesvorstands zu befolgen hatten. Gleichzeitig ordnete sich der FDGB der SED als der »führenden Kraft aller Organisationen der Arbeiterklasse und der Werktätigen« unter.

Auf betriebsbezogene Produktionsaufgaben verwiesen, wurde für die Gewerkschaften die Produktionssteigerung zur Hauptaufgabe, die sie mittels »sozialistischen Wettbewerbs« und »sozialistischen Leistungsprinzips« zu erfüllen suchten. Dem diente auch die 1948 vorgenommene Abschaffung der Betriebsräte durch betriebliche Gewerkschaftsleitungen (BGL), die als Interessenvertreter aller Arbeitnehmer gleichwohl weisungsgebundene Organe des FDGB blieben. Mit dem Argument, dass die Produktionsmittel nun Volkseigentum seien, war das Streikrecht für Gewerkschaften kassiert worden. Die nach sowjetischem

Vorbild initiierte Wettbewerbs- und Aktivistenbewegung fand selbst in den nachgeordneten Gewerkschaftsorganen nur begrenzte Unterstützung.

Die Aufgaben der betrieblichen Gewerkschaftsleitungen umfassten neben den Schutzfunktionen im Rahmen des Arbeitsrechts die Beteiligung an der Plandiskussion im Betrieb, die Beratung des Betriebskollektivvertrags, die Verteilung von Prämien und Vermittlung verbilligter Ferienreisen sowie Aktivitäten im Rahmen der Kulturarbeit des FDGB. Faktisch war der FDGB eine Zwangsorganisation bei formal freiem Eintritt. Als größte Massenorganisation der DDR zählte er Mitte der 1980er Jahre 9,6 Mio. Mitglieder.

3 Wirtschaftliche Neuordnung versus Soziale Marktwirtschaft

Zweckorganisationen wie die Gewerkschaften geben sich in der Regel eine Satzung, die für eingetragene Vereine (was die Gewerkschaften mehrheitlich nicht sind) zwingend vorgeschrieben ist. Neben dem Zweck der Organisation enthält die Satzung Regeln für den Aufbau und das innere Organisationsgeschehen. Davon zu unterscheiden ist das Programm einer Organisation. Im Falle der Gewerkschaften enthält dieses die grundsätzlichen Ziele und Mittel gewerkschaftlicher Politik und orientiert perspektivisch auf die externe Praxis.

Zwar sind Gewerkschaften von Natur aus keine programmatisch angelegten sozialen Bewegungen. Aktivitäten und Erfolge auf lohn- und tarifpolitischem Gebiet schienen ihnen wichtiger, um neue Mitglieder zu gewinnen und zu halten, als etwa gesellschaftsverändernde Programme. Diese gehörten aber, zumal im 19. und frühen 20. Jahrhundert (in manchen Ländern noch heute), zum integralen Bestandteil größerer sozialer bzw. weltanschaulicher Bewegungen. In Deutschland bezogen die freien Gewerkschaften ihre langfristigen Ziele und politischen Orientierungen von der sozialdemokratischen Arbeiterpartei, während die christlichen Gewerkschaften sich an der Weltanschauungslehre der katholischen Kirche orientierten. Mit ihrer Entwicklung zu Massenorganisationen lösten sich die Gewerkschaften mehr und mehr aus der politischen und programmatischen Hegemonie von Partei und Kirche und begannen, eigene Zielkataloge aufzustellen. Schließlich entstand mit der Durchsetzung parteipolitisch unabhängiger Einheitsgewerkschaften das Bedürfnis, eine eigenständige politische Plattform und längerfristige Perspektive zu erarbeiten, um die vielfältigen gewerkschaftlichen Traditionen und Orientierungen politisch zu integrieren. Dies ist die Geburtsstunde der *Grundsatzprogramme,* zu deren Kerngehalt neben den grundsätzlichen Zielvorstellungen auch die gesellschaftliche Standortbestimmung der Gewerkschaft gehört.

Münchener Grundsatzprogramm des DGB

Der Neubeginn des Deutschen Gewerkschaftsbundes war neben dem organisatorischen vor allem auch ein programmatischer. Das nach dem Gründungsort benannte Münchener Programm von 1949 war insofern ein Novum, als es einen expliziten Gegenentwurf zur kapitalistischen Wirtschaftsordnung darstellte. Bis dato war eine solche Aufgabe der Sozialdemokratischen Partei überlassen worden, die aber nach der Formierung der Einheitsgewerkschaften nicht mehr als der politische Flügel einer gemeinsamen Bewegung betrachtet werden konnte.

Mit dem Grundsatzprogramm strebte der DGB die »Neuordnung von Wirtschaft und Gesellschaft« an, und zwar auf der Grundlage von Vergesellschaftung von Grund- und Schlüsselindustrien, wirtschaftlicher Gesamtplanung und paritätischer Mitbestimmung. In seiner Grundtendenz war das Münchener Programm antikapitalistisch, wie viele Programme jener Jahre. Sowohl in den programmatischen Äußerungen der SPD als auch im »Ahlener Programm« der CDU in der britischen Zone von 1947 wurde der Kapitalismus als historisch überholt betrachtet. Durch die Weltwirtschaftskrise und das Bündnis der privaten Industrie mit dem Nationalsozialismus war der Kapitalismus für große Teile der Bevölkerung diskreditiert. Daraus zogen alle Neuordnungspläne ihre Legitimation. Selbst die Ruhrindustriellen, die zwar gegen die Vollsozialisierung ihrer Werke waren, hatten noch 1947 den Gewerkschaften einen »gemischtwirtschaftlichen Besitz« und die paritätische Mitbestimmung in den Aufsichtsräten angeboten.[1]

Die auf dem Gründungskongress beschlossenen »Grundsätze«, welche erst später als Münchener Grundsatzprogramm bezeichnet wurden, bestehen aus zwei Hauptteilen: »A. Sozialpolitische Grundsätze, B. Wirtschaftspolitische Grundsätze«. Während der erste Teil Bezug nimmt auf die rechtlich-institutionellen Garantien gewerkschaftlicher Existenz- und Handlungsbedingungen (wie Koalitionsfreiheit, Streikrecht und Tarifautonomie) und auf die Sicherung und Verbesserung der materiellen Lebenslage der Arbeitnehmer, werden im Programmteil »Wirtschaftspolitische Grundsätze« folgende Grundsatzforderungen erhoben:

I. Eine Wirtschaftspolitik, die unter Wahrung der Würde freier Menschen die volle Beschäftigung aller Arbeitswilligen, den zweckmäßigsten Einsatz aller volkswirtschaftlichen Produktivkräfte und die Deckung des volkswirtschaftlich wichtigen Bedarfs sichert.

II. Mitbestimmung der organisierten Arbeitnehmer in allen personellen, wirtschaftlichen und sozialen Fragen der Wirtschaftsführung und Wirtschaftsgestaltung.

III. Überführung der Schlüsselindustrien in Gemeineigentum, insbesondere des Bergbaus, der Eisen- und Stahlindustrie, der Großchemie, der Energiewirtschaft, der wichtigsten Verkehrseinrichtungen und der Kreditinstitute.

IV. Soziale Gerechtigkeit durch angemessene Beteiligung aller Werktätigen am volkswirtschaftlichen Gesamtertrag und Gewährung eines ausreichenden Lebensunterhalts für die infolge von Alter, Invalidität oder Krankheit nicht Arbeitsfähigen.

Eine solche wirtschaftspolitische Willensbildung und Wirtschaftsführung verlangt eine zentrale volkswirtschaftliche Planung, damit nicht private Selbstsucht über die Notwendigkeiten der Gesamtwirtschaft triumphiert.[2]

Mit den drei Säulen – Wirtschaftsplanung, Gemeineigentum und Mitbestimmung – bot das Programm einen konsequenten und relativ geschlossenen Gegenentwurf zur kapitalistischen Wirtschaftsordnung und stand in der Tradition der während der Weimarer Republik entworfenen Konzeption der »Wirtschaftsdemokratie«. Einer seiner intellektuellen Väter, Viktor Agartz, verortete die Wirtschaftsneuordnung »auf dem Weg vom Kapitalismus zum Sozialismus, aber noch im Kapitalismus, wenngleich jenseits des Monopolkapitalismus«.[3]

Welche Wirtschaftsordnung?

Als das Programm beschlossen wurde, waren die Chancen, seine zentralen gesellschafts- und wirtschaftspolitischen Zielsetzungen zu realisieren, bereits vertan. Wichtige Entscheidungen über die Zukunft der Westzonenwirtschaft hatten in den ersten Nachkriegsjahren die alliierten Mächte getroffen, vor allem die amerikanische Militäradministration, die mit der britischen schon ab 1. Januar 1947 ein gemeinsames Wirtschaftsgebiet als Bizone geschaffen hatte. Der in der hessischen Verfassung enthaltene Sozialisierungsartikel und der vom nordrhein-westfälischen Landtag gefasste Beschluss zur Sozialisierung des Bergbaus waren von der amerikanischen und unter ihrem Einfluss auch von der britischen Besatzungsmacht mit dem Argument suspendiert worden, dass solche grundsätzlichen Entscheidungen einem gesamtdeutschen Parlament vorbehalten bleiben müssten.

In der neu konstituierten Bundesrepublik waren die machtpolitischen Weichen für eine privatkapitalistische Wirtschaftsordnung durch eine Reihe von Ereignissen gestellt worden: Am 24. Mai 1949 war das vom Parlamentarischen Rat verkündete Grundgesetz in Kraft getreten. Es präjudizierte zwar nicht die Wirtschaftsordnung – Artikel 14 gewährleistet das Eigentum, Artikel 15 räumt die Möglichkeit der Sozialisierung auf gesetzlicher Grundlage und gegen Entschädigung ein –, es hatte aber gegen eine sozialistische Wirtschaftsordnung viele rechtliche Schranken errichtet. In seinem sozialpolitischen Gehalt (Sozialisierung und Mitbestimmung) ging das Grundgesetz hinter die Weimarer Verfassung zurück, die noch mit Artikel 165 eine umfassende Mitbestimmungsgesetzgebung vorgesehen hatte. (Rechtlich verankert wurde die Soziale Marktwirtschaft als gemeinsame Ordnung erst später in der Präambel des Staatsvertrages zwischen BRD und DDR über die Währungs-, Wirtschafts- und Sozialunion von 1990.) Bei der Bundestagswahl zum 1. Deutschen Bundestag am 14. August 1949 hatten die Wähler statt der SPD dem bürgerlich-konservativen Lager eine Mehrheit verschafft (das sollte bis Ende der 1960er Jahre auch so bleiben). Und zuvor war durch die Währungsreform (20./21. Juni 1948) und die damit gekoppelte Freigabe der Preise eine freie Marktwirtschaft faktisch konstituiert worden.

Die politische Auseinandersetzung über die Wirtschaftsordnung auf deutschem Boden war damit freilich noch nicht beendet; der Streit wurde bis weit in die 1950er Jahre hinein mit großer Vehemenz ausgetragen. Während im Osten Deutschlands eine Zentralverwaltungswirtschaft (auch: Kommandowirtschaft) etabliert wurde, bekannte sich die regierende Mehrheit im Westen zur Leitidee der ›Sozialen Marktwirtschaft‹. Ihr Namensgeber, Alfred Müller-Armack, und sein Schüler, der erste Wirtschaftsminister der Bundesrepublik Deutschland Ludwig Erhard, verstanden darunter eine Art »dritten Weg« zwischen der Laisser-faire-Ordnung einer liberalen Marktwirtschaft und einer gelenkten Wirtschaft, wie man sie in der Zeit des Nationalsozialismus praktiziert hatte.

Demgegenüber lehnten Sozialdemokratie und Gewerkschaften zu jener Zeit das Konzept der Sozialen Marktwirtschaft entschieden ab. Sie plädierten stattdessen für eine Wirtschaftsordnung, die sie als »freiheitlichen Sozialismus« bezeichneten und die auf den Säulen einer gemäßigten Wirtschaftsplanung, der Vergesellschaftung von Banken und von Grundstoff- und Schlüsselindustrien sowie auf betrieblicher und überbetrieblicher Mitbestimmung der Arbeitnehmer ruhen sollte. Auch sie verstanden ihr Wirtschaftsordnungs-Konzept als einen »dritten Weg«, allerdings als einen zwischen Kapitalismus und Staatssozialismus. In betonter Distanz zur bürokratisch-zentralistischen Planwirtschaft sah das Konzept einen volkswirtschaftlichen Gesamtplan vor, der zwar zentral erstellt, aber dezentral und mit Mitteln moderner (sprich keynesianischer) Wirtschaftspolitik durchgesetzt werden sollte. Die indirekte Lenkung des Wirtschaftsprozesses (über Geld- und Fiskalpolitik) sowie die Ablehnung einer Sozialisierung der Gesamtproduktion waren die wesentlichen Differenzpunkte zur Wirtschaftsordnung der kommunistischen Zentralverwaltungswirtschaft. Auch die aus der katholischen Soziallehre – auf dem Grundsatz der Gleichberechtigung von Kapital und Arbeit – stammende Forderung nach paritätischer Mitbestimmung stand in direktem Gegensatz zum Leitbild der kommunistischen Wirtschaftsordnung, die die Abschaffung des Kapitalbesitzes anstrebte.

SPD und DGB sahen im erhardschen »Experiment« der Sozialen Marktwirtschaft eine Restauration der kapitalistischen Wirtschaftsverhältnisse, der sie ein baldiges und katastrophales Ende prophezeiten. Der sozialdemokratische Wirtschaftspolitiker und damalige Wirtschaftsminister von Nordrhein-Westfalen, Professor Nölting, hielt die Wiederherstellung einer funktionierenden kapitalistischen Wirtschaftsordnung für völlig illusionär. Die »wirtschaftspolitischen Grundsätze« des DGB forderten »im Gegensatz zu der chaotischen Marktwirtschaft, die in Deutschland seit der Währungsreform herrscht«, eine »volkswirtschaftliche Planung«, um Kapitalverschwendung und Fehlinvestitionen zu vermeiden.[4]

Die Gewerkschaften hatten in ihren Neuordnungsplänen der Sozialisierung von Schlüsselindustrien und der Wirtschaftsplanung zunächst noch eine höhere Priorität eingeräumt als der Mitbestimmung, aber mit dem Widerstand der Alliierten vor allem gegen die Sozialisierung rückten sie die Forderung nach paritätischer Mitbestimmung stärker in den Vordergrund. Mit einem ausgearbeiteten und umfangreichen »Gesetzesvorschlag zur Neuordnung der deutschen Wirtschaft« wandte sich der DGB 1950 an die Öffentlichkeit. Der Vorschlag bedeutete eine Beschränkung des Neuordnungsbegriffs auf die wirtschaftliche Mitbestimmung. Denn nur auf sie zielten die ausformulierten gesetzlichen Regelungen, die gelten sollten für Betriebe ab 300 Beschäftigten sowie für alle überbetrieblichen (zum Teil erst noch zu schaffenden) Körperschaften, wie Wirtschaftskammern, Handelskammern, Landwirtschaftskammern, Landeswirtschaftsräte und schließlich für einen Bundeswirtschaftsrat.[5]

Soziale Marktwirtschaft – Konzeption und Praxis

Das Konzept der Sozialen Marktwirtschaft stammt aus der Ideenwelt des Ordoliberalismus, einer in den 1930er und 1940er Jahren entstandenen Spielart des Wirtschaftsliberalismus (nicht zu verwechseln mit dem späteren angelsächsischen Neoliberalismus, dessen Vordenker Milton Friedman und Friedrich August von Hayek eine »marktradikale«

Wirtschaftspolitik vertraten). Innerhalb Deutschlands gewann der Ordoliberalismus der Freiburger Schule mit ihren Begründern, dem Ökonomen Walter Eucken und dem Juristen Franz Böhm, starken Einfluss.

Es ist ein verbreitetes Missverständnis, dass der von Adam Smith begründete ökonomische Liberalismus vom Staat die völlige Enthaltsamkeit verlangte. Smith postulierte freilich, dass der Staat sich aller Eingriffe in Wirtschaftsprozesse enthalten solle, aber gleichwohl müsse er – mit Hilfe der Justiz und des Militärs – den Schutz der Freiheit, des Eigentums und des Friedens garantieren. Auch für einige klar abgegrenzte öffentliche Güter – wie Verteidigung, Verkehrswege und Bildung – hielt Smith den Staat für zuständig.[6] Was indessen die Neo- und Ordoliberalen der Ideenwelt des klassischen Liberalismus hinzufügten, war, dass dem Staat als Aufgabe auch die Herstellung und Garantie einer Wettbewerbsordnung übertragen werden müsse; denn diese – so das ordoliberale Credo – stelle sich nicht spontan ein (wie noch die Altliberalen geglaubt hatten). Um eine Vermachtung der Wirtschaft durch Monopole und Kartelle zu verhindern, müsse ein starker Staat den Ordnungsrahmen für einen freien und fairen Wettbewerb schaffen. Unterstützt werden müsse dieser durch eine Währungspolitik; denn: »Alle Bemühungen, eine Wettbewerbsordnung zu verwirklichen, sind umsonst, solange eine gewisse Stabilität des Geldwertes nicht gesichert ist. Die Währungspolitik besitzt daher für die Wettbewerbsordnung ein Primat.«[7]

Während die Ordoliberalen Walter Eucken und Franz Böhm der Ansicht waren, dass die Wettbewerbsordnung auch die wichtigsten sozialen Fragen löse, vertrat Alfred

Müller-Armack die Vorstellung, dass der Staat im Interesse des sozialen Ausgleichs durchaus in den Wirtschaftsprozess eingreifen solle und müsse – allerdings mit marktkonformen Mitteln. Müller-Armack war auch der Namensgeber der Sozialen Marktwirtschaft. Bereits 1946 verwendete er in seiner Schrift »Wirtschaftslenkung und Marktwirtschaft« nicht nur den Begriff, sondern legte auch das Konzept als solches dar.[8] Unter Einbeziehung von Elementen der christlichen Sozialethik sollte die Soziale Marktwirtschaft die Mängel eines ungezügelten Kapitalismus ebenso wie die der zentral gelenkten Planwirtschaft vermeiden und stattdessen – wie es in einer häufig zitierten Wendung in einem Handbucharartikel von ihm heißt – »das Prinzip der Freiheit auf dem Markte mit dem des sozialen Ausgleichs verbinden«.[9]

Zusammengefasst geht das Konzept der Sozialen Marktwirtschaft in zwei wesentlichen Punkten über den klassischen Liberalismus hinaus: erstens durch die Schaffung einer Wettbewerbsordnung durch den Staat (dieses Ziel stand für die Ordoliberalen im Vordergrund); zweitens durch einen sozialen Ausgleich vermittels sozialpolitischer Leistungen des Staates (dieses Ziel bildete für Müller-Armack einen integralen Bestandteil der neuen Wirtschaftsordnung).

Obwohl für Müller-Armack Leistungswettbewerb und soziale Sicherung »absolut in der Sozialen Marktwirtschaft in eine gemeinsame Strukturformel«[10] gehören, bleibt das Verhältnis der Ziele zueinander ungeklärt. Als oberste Ziele gelten individuelle wirtschaftliche Freiheit, Wettbewerb und ökonomische Effizienz. Zwischen ihnen besteht kein Zielkonflikt. Otto Schlecht, der über vier Jahrzehnte, zuletzt als Staatssekretär, im Bundeswirtschaftsministerium tätig war, beschreibt diesen Zusammenhang wie folgt:

> Der Wettbewerb sorgt dafür, dass die Verbraucher im Mittelpunkt der Sozialen Marktwirtschaft stehen. Der wettbewerbliche Marktprozess bewältigt Lenkungsprobleme, sorgt für Konsumfreiheit, erzwingt Innovationen und technischen Fortschritt, sorgt für effiziente Produktion, verteilt Einkommen und Gewinn ausschließlich nach Leistungen und verhindert Machtballung. Darüber hinaus wirkt Wettbewerb dem Missbrauch des privaten Eigentums an Produktionsmitteln entgegen und garantiert die Freiheitsrechte der Bürger.[11]

Zielkonflikte können sich indes zwischen ökonomischer Effizienz und sozialem Ausgleich ergeben. Bezeichnenderweise spricht Müller-Armack vom »Doppelprinzip« bzw. von den »divergierenden Zielsetzungen sozialer Sicherheit und wirtschaftlicher Freiheit«, die zu einem »neuartigen Ausgleich« gebracht werden sollen.[12] Es ging ihm folglich nicht nur darum, das Instrumentarium des Wettbewerbs sozial funktionsfähig zu machen, vielmehr sollten auch breite Bevölkerungsschichten in den Genuss des marktwirtschaftlichen Produktionsergebnisses kommen. Soziale Sicherung und »Wohlstand für alle« (ein von Erhard geprägtes Schlagwort, das ihm auch als Buchtitel diente) war nicht als automatisches Ergebnis marktwirtschaftlicher Prozesse gedacht, sondern als staatliche Transferleistung. Dazu Müller-Armack:

Der Staat nimmt durch seine Wirtschaftspolitik soziale Umschichtungen, soziale Interventionen vor, die aber – und das ist, auf einen Nenner gebracht, der Grundgedanke – dadurch auf das System der Marktwirtschaft abgestellt werden, dass sie dem Grundsatz der Marktkonformität unterworfen werden.[13]

Letztlich bleibt Müller-Armack die Auskunft über Prinzipien und Elemente einer marktkonformen Sozialpolitik schuldig. Ein jüngerer Interpret kommt zu dem Schluss, dass der einprägsame Begriff Soziale Marktwirtschaft als »deutungsoffenes Leitbild« es jedem erlaubte, »die seinen Interessen und politischen Präferenzen entsprechende Gewichtung im einerseits durch wirtschaftliche Effizienz, andererseits durch soziale Gerechtigkeit begrenzten Spannungsfeld (zu) finden«.[14]

Das Leitbild der Sozialen Marktwirtschaft fand im Gesetz gegen Wettbewerbsbeschränkungen (Antikartellgesetz) vom 27. Juli 1957 seinen deutlichsten Ausdruck. Als »ordnungspolitisches Grundgesetz« bezeichnet, dekretiert es ein grundsätzliches Kartellverbot:

> Vereinbarungen zwischen miteinander im Wettbewerb stehenden Unternehmen, Beschlüsse von Unternehmensvereinigungen und aufeinander abgestimmte Verhaltensweisen, die eine Verhinderung, Einschränkung oder Verfälschung des Wettbewerbs bezwecken oder bewirken, sind verboten. (§ 1)

Allerdings fielen die Gesetzesbestimmungen weniger restriktiv aus als die von den Alliierten bereits 1947 für die

Westzonen erlassenen Regelungen des Kartellverbots und der Fusionskontrolle. Sie blieben weit hinter den Forderungen der strikteren Vertreter der Sozialen Marktwirtschaft zurück; auf Druck der Industrie waren weitreichende Ausnahmeregeln in das Gesetz hineingeschrieben worden, und die Fusionskontrolle wurde erst 1973 in das Gesetz eingefügt. Zum Hüter des Wettbewerbs wurde das Bundeskartellamt in Berlin als die maßgebliche Behörde mit Sanktionsgewalt errichtet. Es kann Anordnungen zur Unterbindung missbräuchlichen Verhaltens erlassen und Geldbußen verhängen.

Ebenfalls 1957 wurde das Gesetz über die Deutsche Bundesbank verabschiedet. Als Nachfolgeinstitut der durch die Alliierten 1948 geschaffenen Bank deutscher Länder erhielt sie als unabhängige Notenbank die Aufgabe, die Währung zu sichern und die Geldpolitik zu steuern. Schließlich folgte 1961 das Außenwirtschaftsgesetz, das den freien Wirtschaftsverkehr mit dem Ausland regelt.

Neben diesen drei, den wirtschaftspolitischen Ordnungsrahmen bildenden Gesetzen ist zudem auf das bereits 1949, noch vor der Verabschiedung des Grundgesetzes vom Frankfurter Wirtschaftsrat in Kraft gesetzte (und später als Bundesrecht übernommene) Tarifvertragsgesetz hinzuweisen. Es konstituierte die Tarifautonomie in Ergänzung zu der im Artikel 9 Absatz 3 des Grundgesetzes garantierten Koalitionsfreiheit. In der Konsequenz nimmt es die Tarifvertragsparteien – Gewerkschaften und Arbeitgeber bzw. deren Verbände – vom Kartellverbot aus. Diese scheinbar systemwidrige Ausnahme findet ihre Rechtfertigung in der Differenz zwischen Sachgüter- und Arbeitsmärkten, auf die schon Walter Eucken hingewiesen hatte.

Da Arbeit keine Ware sei, müsse der Arbeitsmarkt menschenwürdig gestaltet werden. Dazu müsse durch die Herstellung eines Gleichgewichts zwischen den Partnern der Vermachtung entgegengewirkt werden. Die Gewerkschaften seien zwar »monopolartige Organisationen, die freilich durch monopolistische Übergewichte der Unternehmer auf den Plan gerufen wurden«.[15]

Konsequenterweise entsprach es der Praxis der Sozialen Marktwirtschaft, in der Tarifautonomie und Sozialpartnerschaft komplementäre Einrichtungen zu sehen, die als Selbstverwaltungsorgane der Sozialparteien den Ausgleich sozialer Gegensätze selbst herbeiführen. So formulierte Konrad Adenauer in seiner ersten Regierungserklärung vom 20. September 1949:

Die Rechtsbeziehungen zwischen Arbeitnehmern und Arbeitgebern müssen zeitgemäß neu geordnet werden. Die Selbstverwaltung der Sozialpartner muß an die Stelle der staatlichen Bevormundung treten. Die Bundesregierung steht auf dem Boden der Koalitionsfreiheit. Sie wird es den Verbänden überlassen, alles das in freier Selbstverwaltung zu tun, was den wirtschaftlichen und sozialen Interessen förderlich ist und was einer weiteren Verständigung zwischen Arbeitgebern und Arbeitnehmern dient. Ein verständiger Ausgleich sozialer Gegensätze ist eine unumgängliche Voraussetzung für den Aufstieg unseres Volkes.[16]

Es war auch Adenauers Bestreben, Gewerkschaften und Arbeitgeber anzuhalten, sich in der Mitbestimmungsfrage im vorparlamentarischen Raum zu einigen. Von verschiedenen Seiten unter Druck gesetzt, war die Regierung an einer baldigen Lösung dieser Frage interessiert. Nicht nur Gewerkschaften und CDU-Sozialausschüsse erwarteten eine gesetzliche Regelung, auch der amerikanische Hohe Kommissar, der die Artikel über die wirtschaftliche Mitbestimmung in den Betriebsrätegesetzen Hessens und Württemberg-Badens suspendiert hatte, forderte – nicht zuletzt auf Drängen des amerikanischen Gewerkschaftsverbandes American Federation of Labor (AFL), der damit wiederum den Bitten der deutschen Kollegen nachkam – die baldige Vorlage eines Mitbestimmungsgesetzes.

Doch das autonome Bemühen der Sozialpartner um praktikable Lösungen führte zu keinem Erfolg. Nach zunächst bilateralen Gesprächen (Januar und März 1950 in Hattenheim), danach – unter wiederholten Vermittlungsversuchen des Bundesarbeitsministers Storch und zeitweiliger Beteiligung von Bundeskanzler Adenauer und Bundeswirtschaftsminister Erhard – trilateralen Beratungen (Mai bis Juli 1950 in Bonn und Maria Laach) wurden die Gespräche im Juli 1950 ergebnislos abgebrochen. Konsens zwischen beiden Seiten bestand allein in der Frage der Mitbestimmung über soziale und personelle Angelegenheiten, während beim wirtschaftlichen Mitbestimmungsrecht, auf das es die Gewerkschaften vornehmlich abgesehen hatten, die Unternehmer hartnäckigen Widerstand leisteten. Sie wollten allenfalls eine Mitwirkung auf diesem Gebiet einräumen.

Soziale Marktwirtschaft gegen Mitbestimmung

Der Ordoliberale Franz Böhm veröffentlichte 1951 eine umfangreiche Schrift gegen die Mitbestimmung. Darin behauptet er kühn und wider alle sozialhistorischen Fakten, dass es sich bei der Mitbestimmung »keineswegs um eine alte Parole der Arbeiterbewegung handelt. Vor 1945 hat nirgends in der Welt irgendeine beachtliche Gruppe von Industriearbeitern das Mitbestimmungsrecht gefordert.«[17]

Die Hauptstoßrichtung seiner Argumentation war eine doppelte: Zum einen fokussierte er seine Kritik auf die Infragestellung der Leitungsbefugnis im Unternehmen, zum anderen auf die Steuerungsprobleme einer gemischten Wirtschaftsordnung.

Böhm warnte vor dem mit der Einführung des Mitbestimmungsrechts entstehenden neuen Organ der internen Willensbildung, welche der Unternehmer zukünftig mit den Delegierten der Arbeitnehmer teilen müsse. Daraus ergebe sich eine »Verumständlichung der unternehmerischen Willensbildung« mit der Wirkung, »den vom Pioniertrieb und Wagemut beseelten Teil der Unternehmer in ihrem Wagemut zu dämpfen«.[18]

Zugleich sah Böhm in der von den Gewerkschaften angestrebten »Neuordnung der Wirtschaft« mit dem Kernelement der wirtschaftlichen Mitbestimmung eine Vermischung zweier Systeme: der liberalen Marktwirtschaft und der zentralen Planwirtschaft. Die von ihm als »Planwirtschaft der leichten Hand« bzw. »zentral gesteuerte Marktwirtschaft« bezeichnete Hybridform hielt er, wie die Mitbestimmung, für »unausgereifte Ideen«, die mehr einer

Doktrin als einer umfassenden Analyse geschuldet seien. Seine detaillierte Analyse der Auswirkungen der Mitbestimmung bilanzierte er in folgender Weise: »Das betriebliche Mitbestimmungsrecht als eine unternehmens- und ordnungsneutrale Einrichtung bietet der Arbeiterschaft nur geringfügige politische und soziale Vorteile, vermehrt die sozialen und politischen Spannungsmöglichkeiten innerhalb der Gesellschaft erheblich und hat in volkswirtschaftlicher Hinsicht fast nur ausgesprochen nachteilige Wirkungen. Es ist selbst im Fall optimalen Erfolges eine dürftige Einrichtung.«[19] Statt den »wirtschaftsdemokratischen Weg« einzuschlagen, empfahl er, »die soziale Frage mit den Methoden einer *freiheitlichen Wirtschaftspolitik*, mit dem Ausbau einer echten *Wettbewerbsordnung*«[20] zu lösen.

Böhm bezog sich hier, das sollte bei dieser Auseinandersetzung nicht übersehen werden, auf Mitbestimmungskonzepte, die entweder starke Eingriffe in die Leitungsfunktion des Unternehmers implizierten oder unternehmensübergreifende (branchen- und gesamtwirtschaftliche) Steuerungsinstanzen etablieren wollten. Die Quellen, auf die er sich kritisch bezog, waren einmal das Hessische Betriebsrätegesetz von 1948 und ein andermal das Montan-Mitbestimmungsgesetz von 1951. Beide Gesetze sahen eine gleichberechtigte wirtschaftliche Mitbestimmung von Arbeitnehmern bzw. gewerkschaftlichen Repräsentanten vor – anders als das später verabschiedete Betriebsverfassungsgesetz mit seinen relativ schwachen Mitbestimmungsrechten in wirtschaftlichen Angelegenheiten (s. dazu Kapitel 4). Böhm unterschied zwischen dem arbeitspolitischen und dem wirtschaftspolitischen Programm. Nicht gegen ersteres ist seine Streitschrift gerichtet. Das in ihm verkörperte kollektive Arbeitsrecht, einschließlich der Institution des Betriebsrats, wie es in der Weimarer Republik geschaffen und nach 1945 wiederhergestellt wurde, fand vielmehr seine Billigung. Allein gegen das wirtschaftspolitische Programm mit der Kernforderung der Mitbestimmung als unternehmerisches und wirtschaftspolitisches Steuerungsinstrument zog er zu Felde. Auch Walter Eucken, der den modernen Unternehmungen einen gesellschaftlichen Charakter zuschrieb, wollte keineswegs Arbeitern und Betriebsräten die Mitwirkung vorenthalten. Solange »klare Führungsverhältnisse« herrschen, sollte ihm zufolge ein »freies Zusammenwirken aller Betriebsangehörigen bei der Lösung der Fragen (...), die sie gemeinsam angehen«,[21] nicht ausgeschlossen werden. Dies erklärt auch, warum die Ordoliberalen die paritätische Unternehmensmitbestimmung, wie im Montan-Mitbestimmungsgesetz von 1951 kodifiziert, in Frage stellten, nicht aber die im Betriebsverfassungsgesetz von 1952 vorgesehene Institution des Betriebsrats, für den das Gesetz in wirtschaftlichen Angelegenheiten nur Mitwirkungsrechte vorsah.

Die gesetzliche Verankerung der Mitbestimmung

Das Ziel, die wirtschaftliche Macht in Deutschland zu kontrollieren, hatte die Alliierten unmittelbar nach dem Zweiten Weltkrieg dazu bewogen, die schwerindustriellen Industriekonglomerate an der Ruhr, Hitlers Bastionen der Kriegswirtschaft, zu beschlagnahmen, mit dem Ziel, sie zu dezentralisieren.

Zu diesem Zweck wurden für die beschlagnahmten Unternehmen des Bergbaus und der Eisen- und Stahlindustrie britische Kontrollbehörden geschaffen, denen deutsche Treuhandverwaltungen zugeordnet wurden. Während sich im Bergbau der Aufbau dieser Behörden verzögerte, kam es in der Eisen- und Stahlindustrie bereits im August 1946 zur Bildung der Kontrollbehörde für die Norddeutsche Eisen- und Stahlindustrie (*North German Iron and Steel Control, NGISC*). Diese beauftragte eine Treuhandverwaltung unter der deutschen Leitung von Heinrich Dinkelbach mit der Durchführung der Entflechtung der Montankonzerne. Während Behörde und Treuhand die Unterrichtung der Unternehmer über den Fortgang der Entflechtung auf das unerlässlich Notwendige beschränkten, wurden die Gewerkschaften in fairer Weise beteiligt. So richtete die NGISC eine Verbindungsstelle zu den Gewerkschaften ein, die sie mit einem erfahrenen britischen Gewerkschafter besetzte. Überdies konnten Böckler und sein Stab einen Mann ihres Vertrauens für die Position eines Abteilungsleiters für Personalfragen in der Treuhandverwaltung vorschlagen. In mehreren gemeinsamen Zusammenkünften wurden nicht nur die Grundlinien für die Beteiligung der Arbeiter und Gewerkschaften an den Unternehmensorganen, sondern auch die personelle Besetzung von Vorständen und Aufsichtsräten erörtert. Konsens bestand von Anfang an darüber, dass »die Arbeiter und Gewerkschaften die gleiche Anzahl Vertreter entsenden sollen, wie aus Industriekreisen benannt werden«, wie der Leiter der Treuhandverwaltung Dinkelbach den Gewerkschaftsvertretern in Düsseldorf am 14. Dezember 1946 versicherte.[22] Dass die Gewerkschaften damals von weiter gespannten Erwartungen ausgingen, dokumentiert der – aus heutiger Sicht erstaunlich lapidare – Kommentar Böcklers zu dem Angebot Dinkelbachs: »Wir sahen in dem Plan, der uns erstmalig im Dezember von Herrn Dinkelbach unterbreitet wurde, beileibe nicht etwa den Anfang einer Sozialisierung. (…) Wir standen dem Plan kühl gegenüber. Es war immerhin ein Plan, der einen Anfang verhieß, der einen ersten bescheidenen Schritt darstellte auf dem Gebiet zur Demokratisierung der Wirtschaft.«[23]

Im Rückblick ist zu konstatieren, dass eine der nachhaltigsten sozialen Errungenschaften der Gewerkschaften in der Nachkriegszeit sich fast beiläufig aus einer historischen Macht- und Interessenkonstellation ergab. Im Zuge der Entflechtung und keineswegs als ursprüngliches Ziel der Alliierten wurden unter Beteiligung der Gewerkschaften 1947 in den ersten vier neugebildeten Aktiengesellschaften der Eisen- und Stahlindustrie die Aufsichtsräte paritätisch mit Arbeitnehmervertretern (neben zwei Betriebsangehörigen drei externe Gewerkschaftsvertreter) besetzt und der Unternehmensvorstand um einen von Arbeitnehmerseite bestellten Arbeitsdirektor erweitert. Im April 1948 war die Entflechtung der Eisen- und Stahlindustrie abgeschlossen: aus den acht großen Montankonzernen waren 23 neue Hüttenwerke hervorgegangen, die die paritätische Unternehmensmitbestimmung sowie die neue Institution des Arbeitsdirektors eingeführt hatten.

Doch die demokratische Unternehmensverfassung war zu diesem Zeitpunkt noch ein Provisorium – weder gesetzlich noch vertraglich abgesichert. Auch die am 10. November 1948 erlassenen, für die britische und amerikanische Zone gleichlautenden Gesetze Nr. 75 der Alliierten über die Neugestaltung des deutschen Kohlenbergbaus und der Eisen- und Stahlindustrie ließen die Eigentumsregelung und die Frage der demokratischen Kontrolle völlig offen.[24]

In der neu konstituierten Bundesrepublik regten sich derweilen die wirtschaftsliberalen und konservativen Kräfte, die im Zuge einer anstehenden gesetzlichen Regelung zur Mitbestimmung den Arbeitnehmervertretern ein wirtschaftliches Mitbestimmungsrecht verweigern und die Besetzung der Aufsichtsräte auf eine Drittelbeteiligung der Arbeitnehmer beschränken wollten. Auch die Parlamentsmehrheit aus CDU und FDP wollte die an der Ruhr faktisch bestehende paritätische Besetzung der Aufsichtsräte mit einem Regierungsvorschlag wieder abschaffen, der nur die Drittelbeteiligung vorsah. In dieser für den DGB brisanten Situation zeigten die Gewerkschaften Kampfentschlossenheit: sie waren bereit, für die Erhaltung des Status quo an der Ruhr zu streiken. Die IG Metall und IG Bergbau führten Urabstimmungen durch, deren Ergebnisse eine hohe Streikbereitschaft demonstrierten: 96 Prozent der organisierten Hüttenarbeiter und 93 Prozent der abstimmenden Bergarbeiter sprachen sich für einen Streik aus.

Unter diesem Druck führten Gespräche zwischen Böckler und Adenauer zu dem Ergebnis, dass die von Adenauer geführte Regierungskoalition ihren ursprünglichen Plan fallenließ und für die Montanindustrie ein gesondertes Gesetz beschloss. Die Montan-Mitbestimmung fand mit dem »Gesetz über die Mitbestimmung der Arbeitnehmer in den Aufsichtsräten und Vorständen der Unternehmen des Bergbaus und der Eisen und Stahl erzeugenden Industrie« von 1951 schließlich ihre Kodifizierung. Das Gesetz wurde »gegen etwa 50 Stimmen«, vorwiegend von den Koalitionsparteien FDP und Deutsche Partei, und »bei einigen wenigen Enthaltungen« verabschiedet.[25] Bergassessor Hermann Reusch, der Vorsitzende des entflochtenen Stahlwerks Gutehoffnungshütte Oberhausen und Präsidiumsmitglied des Bundesverbands der Deutschen Industrie, sollte die Montan-Mitbestimmung vier Jahre später als eine »brutale Erpressung durch die Gewerkschaften« klassifizieren.[26]

Für diese auch als »qualifizierte Mitbestimmung« bezeichnete Variante der Unternehmensmitbestimmung schreibt das Gesetz für alle Kapitalgesellschaften im Bergbau sowie der Eisen- und Stahlindustrie mit mehr als 1000 Beschäftigten vor: (1) Der Aufsichtsrat wird mit einer gleichen Anzahl von Anteilseignern und Arbeitnehmervertretern (in der Regel 5 : 5) sowie einem weiteren »neutralen Mitglied« besetzt. Zwei der Arbeitnehmervertreter werden von den Betriebsräten gewählt, drei von den Gewerkschaften entsandt. Die Vertreter der Anteilseigner und der – auch als »elfter Mann« bezeichnete – »Neutrale« werden von der Hauptversammlung der Anteilseigner gewählt, letzterer auf Vorschlag der Aufsichtsratsmitglieder. (2) Der als gleichberechtigtes Vorstandsmitglied vorgesehene Arbeitsdirektor kann nicht gegen die Stimmen der Mehrheit der Arbeitnehmervertreter im Aufsichtsrat gewählt oder abberufen werden.

Dieses Mitbestimmungsmodell, welches dem DGB als das Grundmodell seiner Mitbestimmungsziele galt und gilt, ist das einzige Reformprojekt, das von seiner damaligen umfassenden Konzeption wirtschaftlicher Neuordnung realisiert wurde. Es blieb gleichwohl ein »halber Sieg«: zum einen, weil es nur die Montanindustrien erfasste, zum anderen, weil der DGB und seine Mitgliedsgewerkschaften darin nur den ersten Schritt zu einer gesamtwirtschaftlichen und überbetrieblichen Mitbestimmung sahen – und auch dies nur als Bestandteil einer umfassenden demokratischen Neuordnung der gesamten Wirtschaft.

Was der DGB als den Anfang einer neuen Wirtschaftsordnung wertete, blieb indessen eine Ausnahmeregelung. Das ein Jahr später verabschiedete Betriebsverfassungsgesetz (s. Kapitel 4) zeigte, dass sich die Machtverhältnisse zuungunsten der Gewerkschaften geändert hatten. Denn für Kapitalgesellschaften außerhalb der Montanindustrie sah das Gesetz nur noch eine Drittelbeteiligung in den Aufsichtsräten und schon gar keinen von Arbeitnehmerseite zu bestimmenden Arbeitsdirektor vor. Mit der paritätischen Unternehmensmitbestimmung konnten die Gewerkschaften den einzigen Programmpunkt ihrer Neuordnungskonzeption von 1949 realisieren, und das auch nur in der Montanindustrie. Umso strahlender erschien im Verlauf der bundesrepublikanischen Geschichte deren symbolischer Wert.

Pragmatische Anpassung

Nachdem die privatkapitalistische Wirtschaftsordnung weder von tiefen Krisen erschüttert noch (wie die Väter des Münchener Programms gehofft hatten) bei den Massen diskreditiert worden war, sondern – auch als Folge des Koreabooms – zu prosperieren begann, die Arbeitslosigkeit zurückging und der Lebensstandard der abhängig Beschäftigten sich erhöhte, verlor das Münchener Programm seine Praxisrelevanz für die Gewerkschaften. Und wenn in der Folgezeit in der realen Wirtschaft die sozialpolitischen Elemente eine weitaus stärkere Gewichtung erhielten, als es sich die Väter der Sozialen Marktwirtschaft ursprünglich vorgestellt haben mochten, widersprachen sie dem jedenfalls nicht explizit.

Die reale Entwicklung führte auf pragmatischem Wege eine Konvergenz der Vorstellungen und Erwartungen beider Lager herbei. Das offene Konzept der Sozialen Marktwirtschaft erlaubte es den Gewerkschaften, ihren Frieden mit einer Wirtschaftspolitik zu machen, die ihre Aktivitäten im Rahmen der Tarifautonomie und schließlich auch der Mitbestimmung akzeptierte. Der Traum von der wirtschaftlichen Neuordnung brach sich an der Realität und dem Mythos vom »Wirtschaftswunder«.

Die programmatische Krise des DGB wurde überspielt durch den Rückzug auf das Machbare, auf die Tarif- und Sozialpolitik, die im Aktionsprogramm von 1955 in fünf Zielkomplexen zusammengefasst wurden:

- kürzere Arbeitszeit (Fünftagewoche bei vollem Lohn- und Gehaltsausgleich mit täglich achtstündiger Arbeitszeit);
- höhere Löhne und Gehälter (Hebung des Lebensstandards durch Erhöhung der Löhne und Gehälter für Arbeiter, Angestellte und Beamte; gleiche Entlohnung für Männer und Frauen; Urlaubsgeld; Weihnachtszuwendungen, Lohnfortzahlung in Krankheitsfällen auch für Arbeiter);
- größere soziale Sicherheit (Sicherung des Arbeitsplatzes; ausreichende Unterstützung bei Arbeitslosigkeit, Unfall und Krankheit; Alter ohne Not);
- gesicherte Mitbestimmung (gesetzliche Regelung der

paritätischen Mitbestimmung für alle Betriebe und Verwaltungen);
– verbesserter Arbeitsschutz (ausreichende Ausbildungsmöglichkeiten für die Jugend).

Das Aktionsprogramm, das in Millionenauflage an die Haushalte verteilt wurde, war die Konsequenz, die die Gewerkschaftsführung aus der realistischen Einschätzung zog, dass die Neuordnungspläne in absehbarer Zeit nicht durchzusetzen seien. Auf dem Bundeskongress des DGB von 1956 erklärte Otto Brenner, der Vorsitzende der IG Metall, in einer programmatischen Rede, Diskussionen in »Mitglieder- und Funktionärskreisen« hätten ergeben, dass das Kräfteverhältnis zwischen Kapital und Arbeit sich so verändert habe, »dass es eine Utopie sei, zu glauben, man könne in nächster Zukunft unsere Münchener Grundsatzforderungen auf Neuordnung der Wirtschaft durchsetzen«. Auch von der gegenwärtigen Parlamentsmehrheit sei keine Unterstützung zu erwarten. Unter diesen Bedingungen wolle der DGB sich auf »konkrete Nahziele« konzentrieren, die »durch eigene und gemeinsame Kraft der Gewerkschaften« zu erreichen seien und den Interessen aller Mitglieder »gleichgültig, ob christlich oder sozialistisch« entsprächen.[27]

Dieser pragmatische Rückzug bedeutete freilich noch keinen Schlussstrich unter die Neuordnungsvorstellungen des DGB. In der Präambel zum Aktionsprogramm hieß es:

Der Deutsche Gewerkschaftsbund und die in ihm vereinten Gewerkschaften bekennen sich erneut zu dem auf dem Gründungskongress des Deutschen Gewerkschaftsbundes 1949 in München beschlossenen Grundsätzen. Ihre Verwirklichung ist Voraussetzung für die wirtschaftliche und soziale Neuordnung und für die Festigung der Demokratie.

Indessen bestand zwischen den beiden Zielkatalogen eine Kluft, die nicht nur die Inhalte betraf. Die konkreten Forderungen des Aktionsprogramms konnten weder als Vermittlungsschritte noch als Zwischenziele zu den Grundsatzforderungen verstanden werden, zumal sie auf ganz anderen Begründungszusammenhängen basierten. Dem Grundsatzprogramm lag die Vorstellung eines krisenanfälligen, die physische Existenz der Arbeitnehmer bedrohenden kapitalistischen Wirtschaftssystems zugrunde, während das im Aktionsprogramm formulierte Interesse an einem steigenden Lebensstandard einen relativ krisenfreien, prosperierenden Kapitalismus voraussetzte, der für die materiellen Nahziele hinreichenden Konzessionsspielraum bieten sollte. In diesem Zusammenhang hatte die Mitbestimmung keinen Stellenwert mehr in einem systematischen, gesellschaftsverändernden Programm, sondern zielte »auf die Ausbreitung des gewerkschaftlichen Einflusses im gegebenen kapitalistischen Rahmen, wo auch immer sich hierfür Gelegenheit bietet«.[28]

4 Auseinandersetzungen um das Betriebsverfassungsgesetz

Zu Beginn des Wiederaufbaus eines eigenen staatlichen Gemeinwesens in Deutschland wurden drei für die Gewerkschaften entscheidende Gesetze verabschiedet: 1. das Tarifvertragsgesetz von 1949, 2. das Montan-Mitbestimmungsgesetz von 1951 und 3. das Betriebsverfassungsgesetz von 1952. Das erste beschloss nahezu geräuschlos der mit legislativen Befugnissen ausgestattete Frankfurter Wirtschaftsrat noch vor der offiziellen Konstituierung der BRD (s. Kapitel 6); das zweite wurde, wie im vorangegangenen Kapitel dargelegt, erst unter massiver Streikdrohung des DGB verabschiedet; das dritte schließlich fand eine parlamentarische Mehrheit *gegen* die Stimmen der SPD und stieß auf den Widerstand des DGB.

Vorgeschichte

Als eine gesetzliche Vertretungsinstanz von Arbeitnehmern im Betrieb hat der Betriebsrat seine Vorläufer in den Arbeiterausschüssen des Bergbaus (obligatorisch ab 1900 in Bayern und ab 1905 in Preußen) sowie in den während des Krieges mit dem Vaterländischen Hilfsdienstgesetz von 1916 vorgeschriebenen Arbeiterausschüssen für die Betriebe mit mehr als 50 Beschäftigten aller kriegswichtigen Industrien im Deutschen Reich.

Das erste Gesetz, in dem der Name Betriebsrat auftaucht, ist das Betriebsrätegesetz von 1920. Mit ihm wurden die noch heute gültigen Grundlagen für eine verallgemeinerte betriebliche Interessenvertretung gelegt. Seinen Namen verdankte der Betriebsrat der revolutionären Rätebewegung von 1918/19, wenn auch vom Rätegedanken selbst, der auf eine politische und wirtschaftliche Arbeiterselbstverwaltung gerichtet war, kaum etwas übrig blieb. Inhaltlich knüpfte das Gesetz an die Institution der Arbeiterausschüsse an, deren Rechte es freilich wesentlich erweiterte.

Die Weimarer Betriebsräte waren zwar nach den gleichen Konstruktionsprinzipien wie die späteren Betriebsräte der Bonner Republik ins Leben gerufen worden, aber die restriktiven politischen Bedingungen und wirtschaftlichen Krisen jener Jahre hemmten die Entfaltung ihrer potentiell friedensstiftenden Möglichkeiten erheblich. Mit überwiegender Mehrheit lehnten die Unternehmer das Betriebsrätegesetz ab. Ihre anfänglich unverhohlene Ablehnung der Betriebsvertretungen wandelte sich später in eine realpolitische Eingliederung in die Betriebspolitik; von einer »Politik der taktischen Assimilierung und strategischen Paralysierung« spricht eine zeitgenössische Untersuchung.[1] Die Gewerkschaften ihrerseits waren bestrebt, die Betriebsräte zu einer Art untergeordneter betrieblicher »Tarifpolizei« zu funktionalisieren, welche vornehmlich die tarifvertraglichen und gesetzlichen Bestimmungen zu überwachen habe. Ohne Widerstand ließen die Unternehmer die schleichende »Vergewerkschaftlichung« der Betriebsvertretungen zu, weil sie sich von den Gewerkschaften einen dämpfenden Einfluss auf die Rätebewegung erhofften.

Nach dem Zweiten Weltkrieg kam es zu einer Wiederbelebung der Betriebsräte. In vielen Unternehmen entstanden relativ spontan Betriebsräte, die zunächst durch alliierte Verordnungen und Landes-Betriebsrätegesetze legalisiert wurden.

Am Anfang stand das Kontrollratsgesetz 22, sprich: das Betriebsrätegesetz des Alliierten Kontrollrats vom 10. April 1946. Auf Initiative der US-Militärregierung zustande gekommen, regelte es in 13 kurzen und allgemein gehaltenen Artikeln den Status und die Aufgaben der Betriebsräte als reine Belegschaftsvertretungen für alle Besatzungszonen. Es enthielt keine spezifizierten Mitbestimmungsrechte, sondern begnügte sich mit der Aufzählung einiger Sachgebiete, über die der Betriebsrat mit dem Unternehmer verhandeln könnte. Im übrigen sollten die Betriebsräte im Rahmen des Gesetzes ihre Aufgaben und Verfahren in »Zusammenarbeit mit den anerkannten Gewerkschaften« selbst bestimmen.[2]

Frühe Betriebsrätegesetze erließen verschiedene Landtage, u.a. Bremens, Hessens und Württemberg-Badens. Soweit sie Paragraphen über wirtschaftliche Mitbestimmung enthielten, wurden diese von den Alliierten suspendiert, mit dem Argument, dass so weitreichende Eingriffe in die Unternehmensführung Fragen der Wirtschaftsverfassung betreffen, die der Entscheidung einer zukünftigen deutschen Zentralgewalt vorbehalten bleiben müssen.

Andererseits drängten die Alliierten nach der Konstituierung der Bundesrepublik den Gesetzgeber, generelle gesetzliche Regelungen zu erlassen. Unter dem Druck ihrer Ankündigung, die suspendierten Artikel in den Betriebsrätegesetzen der Länder aufzuheben, wurde die Regierung Adenauer aktiv (s. Kapitel 3).

Parlamentarische Debatte

Nach der Verabschiedung des Montan-Mitbestimmungsgesetzes befasste sich das Parlament mit dem Betriebsverfassungsgesetz. Die parlamentarischen Auseinandersetzungen darüber standen ebenfalls im Schatten der Neuordnungsdebatte und wurden begleitet von Protesten und Aktionen des DGB. Während mit dem Gesetz über die Montan-Mitbestimmung den Forderungen des DGB Genüge getan worden war, widersprach das Betriebsverfassungsgesetz dessen Erwartungen, die darauf hinausliefen, dass nach der Montanindustrie nun in der übrigen Wirtschaft ebenfalls eine gleichberechtigte Mitbestimmung eingeführt würde.

Die parlamentarische Debatte war von den polaren Konzeptionen der Sozialen Marktwirtschaft einerseits und einer Neuordnung der Wirtschaft andererseits bestimmt. Die Parlamentarier der CDU argumentierten: »Die Lösung muss dem Arbeitsfrieden und der Zusammenarbeit der Sozialpartner dienen und die Leistungsfähigkeit der Wirtschaft im allgemeinen Interesse steigern.«[3] Sie wandten sich gegen eine Neuauflage der Theorie der »Wirtschaftsdemokratie« und lehnten insbesondere personelle und wirtschaftliche Mitbestimmungsrechte für die Betriebsräte und eine paritätische Besetzung der Aufsichtsräte in Kapitalgesellschaften ab.

Die Parlamentarier der SPD vertraten in vollem Einklang mit dem DGB den Standpunkt der Neuordnung der Wirtschaft, mit dem Ziel der »Ausweitung und Vertiefung der Demokratie und der demokratischen Selbstverwaltung des Volkes auf dem Gebiet der Wirtschaft«. Die »politische Demokratie« durch »wirtschaftliche Demokratie« zu untermauern sei notwendig, um Missbrauch wirtschaftlicher Macht zu verhindern und die arbeitenden Menschen als »gleichberechtigte Wirtschaftsbürger« anzuerkennen. Sah die Sozialdemokratie mit diesem Gesetz ihre Zielvorstellung einer »Fundierung der deutschen Demokratie auf wirtschaftlichem Gebiet« durchkreuzt, feierte die CDU das Gesetz als »eines der kühnsten sozialen Experimente in der ganzen Welt«.[4]

Dass die Gewerkschaften heftig gegen das Gesetz opponierten, lag weniger an den inhaltlichen Bestimmungen der Beteiligungsrechte des Betriebsrats – damit waren die Gewerkschaften weitgehend einverstanden – als daran, dass es erstens den gewerkschaftlichen Einfluss und Betriebszugang stark einschränkte, zweitens eine gleichberechtigte Mitbestimmung der Arbeitnehmervertretung in den Aufsichtsräten ausschloss (die Aufsichtsratsmandate außerhalb der Montanindustrie wurden auf ein Drittel reduziert) und dem Betriebsrat in wirtschaftlichen Angelegenheiten nur Informations- und Konsultationsrechte zugestand; und drittens dass es den öffentlichen Dienst ausschloss, für den ein gesondertes Personalvertretungsgesetz vorbereitet wurde.

Unter der Parole »Dieser Entwurf darf nicht Gesetz werden« startete der DGB Demonstrationen und Warnstreiks, die ihren Höhepunkt in einem zweitägigen Streik in Zeitungsverlagen und -druckereien fanden. Unter dem Eindruck dieser Aktionen bot Bundeskanzler Adenauer dem DGB Verhandlungen an, allerdings nur um Zeit zu gewinnen. Wenige Wochen nach Abbruch der Aktionen verabschiedete das Parlament das Gesetz, ohne die Wünsche des

DGB berücksichtigt zu haben. Dieser sprach von einem »schwarzen Tag für die demokratische Entwicklung der Bundesrepublik«.[5]

Innerhalb des DGB führte die Niederlage zu heftigen Debatten. Kritisiert wurde die mangelnde Kampfentschlossenheit und insbesondere der Beschluss des Bundesausschusses, auf eine abschließende Aktion in Form eines viertelstündigen Warnstreiks in allen Betrieben zu verzichten. Als Konsequenz wurde der Erste Vorsitzende Christian Fette, der Nachfolger Hans Böcklers, auf dem DGB-Kongress 1952 abgewählt.

Nach der parlamentarischen Verabschiedung des Betriebsverfassungsgesetzes waren alle Hoffnungen auf die nächsten Bundestagswahlen gerichtet. Aber nachdem auch diese die konservative Regierungsmehrheit bestätigt hatten, arrangierten sich in der Folgezeit die Gewerkschaften mit den Gegebenheiten und versuchten, ihren Einfluss auf die Betriebsräte geltend zu machen.

Handlungsrahmen des Betriebsrats

Das Betriebsverfassungsgesetz von 1952 ist mehrfach geändert worden; seine gründlichste Novellierung erfolgte 1972; weitere Änderungen folgten 1988 und 2001. Die ursprünglichen Paragraphen 76 und 77 zur Mitbestimmung in den Aufsichtsräten von Kapitalgesellschaften ab 500 Beschäftigten galten weiter und wurden erst 50 Jahre später durch das »Gesetz über die Drittelbeteiligung der Arbeitnehmer im Aufsichtsrat« (Drittelbeteiligungsgesetz) vom 18. Mai 2004 ersetzt. Im grundsätzlichen blieb die Rechtskonstruktion der betrieblichen Arbeitnehmervertretung jedoch erhalten. Sie wird im folgenden nach dem neuesten Stand referiert.

Der Handlungsrahmen und die übergreifende Zielorientierung des Betriebsrats werden in den §§ 2 und 74 wie folgt festgelegt:

> Arbeitgeber und Betriebsrat arbeiten unter Beachtung der geltenden Tarifverträge vertrauensvoll und im Zusammenwirken mit den im Betrieb vertretenen Gewerkschaften und Arbeitgebervereinigungen zum Wohl der Arbeitnehmer und des Betriebs zusammen. (§ 2 Abs. 1)
>
> Arbeitgeber und Betriebsrat (...) haben über strittige Fragen mit dem ersten Willen zur Einigung zu verhandeln. (§ 74 Abs. 1)
>
> Maßnahmen des Arbeitskampfes zwischen Arbeitgeber und Betriebsrat sind unzulässig. (§ 74 Abs. 2 Satz 1)

Vier Charakteristika zeichnen die Institution des Betriebsrats aus:

1. Er repräsentiert alle Beschäftigten, nicht nur die Gewerkschaftsmitglieder unter ihnen.
2. Er ist ein Repräsentativorgan, auf das die Beschäftigten allein durch den (alle vier Jahre stattfindenden) Wahlakt, und auch dann nur in personeller Hinsicht Einfluss nehmen können.
3. Er unterliegt einer absoluten Friedenspflicht, verfügt folglich nicht über das Streikrecht.
4. Das Verfahren der Mitbestimmung ähnelt mehr dem der gemeinsamen Problemlösung als dem des harten

Verhandelns. Erleichtert wird dies durch die »Auslagerung« des Lohnkonflikts; denn Lohnfragen fallen in die Zuständigkeit der Gewerkschaften als Tarifvertragspartei.

Der Betriebsrat ist primär auf Konsens und Kooperation angelegt. Bei Auftreten innerbetrieblicher Konflikte zwischen Management und Betriebsrat sieht das Gesetz eine betriebliche Zwangsschlichtung durch die sog. Einigungsstelle vor, die paritätisch besetzt ist, einen unparteiischen Vorsitzenden hat und deren Spruch die Einigung zwischen den beiden Parteien ersetzt (§ 76). In allen Fällen, in denen ein erzwingbares Mitbestimmungsrecht des Betriebsrats besteht und keine Einigung zwischen Management und Betriebsrat zustande kommt, kann die Einigungsstelle auf Antrag einer Seite tätig werden, ansonsten nur auf Antrag beider Seiten. Eine weitere Institution der externen Konfliktlösung findet der Betriebsrat im Arbeitsgericht, das er bei Rechtsstreitigkeiten (z. B. über betriebsverfassungsrechtliche Fragen) anrufen kann.

Die Wahl von Betriebsräten ist für Betriebe mit fünf und mehr Beschäftigten vorgeschrieben. Zu ihrer Errichtung ist der Arbeitgeber nicht verpflichtet. Die Gründungsinitiative muss von den Beschäftigten oder den im Betrieb vertretenen Gewerkschaften ausgehen. Der Arbeitgeber darf diese Aktivitäten nicht behindern. Die Mitglieder des Wahlvorstands genießen, wie die gewählten Betriebsratsmitglieder, Kündigungsschutz.

Die Zahl der Betriebsratsmitglieder richtet sich nach der Zahl der Arbeitnehmer im Betrieb: bei 5 bis 20 Beschäftigten: 1 Mitglied, bei 21 bis 50: 3 Mitglieder; bei 51 bis 100:

5 Mitglieder; bei 101 bis 200: 7 Mitglieder; bei 201 bis 400: 9 Mitglieder usw. (§ 9). Völlige Freistellung von der beruflichen Tätigkeit sieht das Gesetz für eine mit der Größe des Betriebes wachsende Zahl von Betriebsratsmitgliedern vor. Die erste Freistellung erfolgt bei einer Betriebsgröße ab 200 Beschäftigten; jeweils eine weitere Freistellung erfolgt zunächst in Schritten von etwa je 500, dann (ab einer Betriebsgröße von 2001 Beschäftigten) von je 1000 zusätzlich Beschäftigten (§ 38).

Mitwirkung und Mitbestimmung

Zu den allgemeinen – im § 80 aufgelisteten – Aufgaben des Betriebsrats gehören die *Kontrolle* (über die Einhaltung der die Arbeitnehmer schützenden und begünstigenden Rechts- und Tarifnormen), die *Initiative* gegenüber dem Arbeitgeber (zwecks Beantragung von Maßnahmen und Weiterleitung von Anregungen aus der Belegschaft), die *Fürsorge* für schutzbedürftige Gruppen (schwerbehinderte, ältere und ausländische Arbeitnehmer) und die *Förderung* der »tatsächlichen Gleichstellung von Frauen und Männern«. Die laut Gesetz im vierteljährlichen Turnus stattfindenden Betriebsversammlungen können den Betriebsräten zwar Anträge unterbreiten und zu ihren Beschlüssen Stellung nehmen (§ 45), freilich ohne diese dadurch zu binden.

Im wesentlichen sind es die Beteiligungsrechte, die den Betriebsrat zur Mitbestimmung und Mitwirkung des betrieblichen Geschehens autorisieren. Sie lassen sich nach zwei Dimensionen hin auffächern. In der Dimension der Sachbereiche handelt es sich um soziale, personelle und

GEGENSTAND / INTENSITÄT	Soziale Angelegenheiten	Personelle Angelegenheiten	Wirtschaftliche Angelegenheiten
Erzwingbare Mitbestimmungsrechte	§ 87: Beginn u. Ende der tgl. Arbeitszeit; Urlaubsgrundsätze/Urlaubsplan; Lohngestaltung; Akkord- und Prämiensätze; Grundsätze für Gruppenarbeit § 91: menschengerechte Gestaltung der Arbeit (nach »gesicherten arbeitswissenschaftlichen Erkenntnissen«)	§ 94: Personalfragebogen § 95: Auswahlrichtlinien § 98: Betriebliche Bildungsmaßnahmen	§ 112: Interessenausgleich u. Sozialplan bei Betriebsänderungen
Widerspruchsrechte		§ 99: Einstellung/Eingruppierung/Umgruppierung/Versetzung § 102: Kündigung	

Übersicht 2: Beteiligungsrechte des Betriebsrats

Mitwirkungsrechte (Informations-, Anhörungs-, Beratungsrechte)	§ 89: Arbeitsschutz/ Unfallverhütung	§ 92: Unterrichtung u. Beratung über Personalplanung § 102: Anhörung vor Kündigungen	§ 90: Unterrichtung über Planung / Beratung über Auswirkungen von: Neu-, Um- und Erweiterungsbauten; techn. Anlagen; Arbeitsverfahren/ Arbeitsabläufe § 106: Wirtschaftsausschuss § 111: Unterrichtung u. Beratung über Betriebsänderungen

wirtschaftliche Angelegenheiten. Nach der Intensität der Teilhabe lassen sich (a) Informationsrechte, (b) Anhörungsrechte und Beratungsrechte, (c) Widerspruchsrechte und (d) erzwingbare Mitbestimmungsrechte unterscheiden (siehe Übersicht 2).

Erzwingbare Mitbestimmungsrechte werden dem Betriebsrat in *sozialen* Angelegenheiten eingeräumt. Der § 87, der als das »Herzstück der Betriebsverfassung« gilt, spezifiziert 13 Fallgruppen; unter ihnen:

– die Festlegung von Entlohnungsgrundsätzen, insbesondere die Anwendung neuer Entlohnungsmethoden;
– die Festsetzung leistungsbezogener Entgelte (Akkord- und Prämiensätze);
– die Regelung der geltenden Arbeitszeiten einschl. Pausen;
– die Anordnung von Überstunden und Kurzarbeit;
– die Aufstellung allgemeiner Urlaubsgrundsätze und des Urlaubsplans;
– die Einführung und Anwendung von technischen Einrichtungen, die das Verhalten oder die Leistung der Arbeitnehmer überwachen sollen;
– Grundsätze über das betriebliche Vorschlagswesen;
– Grundsätze über die Durchführung von Gruppenarbeit.

Bei *personellen* Angelegenheiten bestehen echte Mitbestimmungsrechte bei der Erstellung von Personalfragebögen (§ 94) und der Aufstellung von allgemeinen Auswahlrichtlinien für Einstellungen, Versetzungen, Umgruppierungen und Kündigungen (§ 95). Bei den personellen Einzelmaßnahmen der Einstellung, Eingruppierung, Umgruppierung und Versetzung hat der Betriebsrat indessen nur ein Veto-Recht (§ 99). Verweigert der Betriebsrat seine Zustimmung, so bleibt die entsprechende Maßnahme des Arbeitgebers bis zur evtl. Entscheidung des Arbeitsgerichtes unwirksam. Im Falle von Kündigungen hat der Betriebsrat nur ein Anhörungsrecht; widersprechen kann er nur, wenn der Arbeitgeber gegen bestimmte, im Gesetz spezifizierte Grundsätze verstößt (§ 102).

Bei der *Gestaltung von Arbeitsplatz, Arbeitsablauf und Arbeitsumgebung* hat der Betriebsrat allein Unterrichtungs- und Beratungsrechte (§ 90); ein Mitbestimmungsrecht ergibt sich erst, wenn durch die Änderungen »den gesicherten arbeitswissenschaftlichen Erkenntnissen über die menschengerechte Gestaltung der Arbeit offensichtlich widersprechende« Belastungen für die Arbeitnehmer auftreten (§ 91).

Hinsichtlich der *wirtschaftlichen* Entscheidungen stehen dem Betriebsrat, bis auf eine Ausnahme, nur noch Informationsrechte zu. So hat der Unternehmer den in Betrieben von über 100 ständig beschäftigten Arbeitnehmern – als eigenständiges Organ oder Ausschuss des Betriebsrats – zu bildenden Wirtschaftsausschuss »rechtzeitig und umfassend über die wirtschaftlichen Angelegenheiten des Unternehmens« zu unterrichten (§ 106). Seine Mitglieder bestimmt der Betriebsrat. Ebenfalls zu unterrichten ist der Betriebsrat bei Betriebsänderungen, »die wesentliche Nachteile für die Belegschaft« zur Folge haben können (§ 111). Allein über den Ausgleich oder die Milderung der wirtschaftlichen Nachteile, die den Arbeitnehmern bei

Betriebsänderungen entstehen (Einschränkung, Verlegung oder Stilllegung des Betriebs; grundlegende Änderungen der Betriebsorganisation oder der Arbeitsmethoden und Fertigungsverfahren), hat der Betriebsrat insofern ein Mitbestimmungsrecht, als er einen Interessenausgleich bzw. Sozialplan erzwingen kann (§ 112).

Seit der Novellierung des Betriebsverfassungsgesetzes 1972 enthält das Gesetz auch Rechte der einzelnen Arbeitnehmer im Betrieb und am Arbeitsplatz. Sie wurden mit der Novellierung 1988 weiter ausgebaut. Den Mitwirkungs- und Beschwerderechten der Arbeitnehmer hinzugefügt wurde eine Unterrichtungs- und Erörterungspflicht des Arbeitgebers, die er gegenüber dem einzelnen Arbeitnehmer insbesondere bei Veränderungen, die seinen Arbeitsplatz und seine Tätigkeit betreffen (§§ 81–86), zu erfüllen hat. Demnach hat der Arbeitgeber, »sobald feststeht, dass sich die Tätigkeit des Arbeitnehmers ändern wird und seine beruflichen Kenntnisse und Fähigkeiten zur Erfüllung seiner Aufgaben nicht ausreichen, (…) mit dem Arbeitnehmer zu erörtern, wie dessen berufliche Kenntnisse und Fähigkeiten (…) den künftigen Anforderungen angepasst werden können« (§ 81 Abs. 4). Bei der Erörterung kann der Arbeitnehmer ein Mitglied des Betriebsrates hinzuziehen.

Als generelle Tendenz des Betriebsverfassungsgesetzes wird erkennbar, dass die Beteiligungsrechte in *sozialen* Fragen am stärksten, bei *personellen* Angelegenheiten bereits abgeschwächt greifen und in *wirtschaftlichen* Fragen sich auf reine Informationsrechte beschränken. Mit anderen Worten, die Eingriffsmöglichkeiten und Beteiligungsrechte des Betriebsrates sind umso größer, je weiter sie von den strategischen Unternehmensentscheidungen (z. B. über

Ziele und Inhalte der Produktion) entfernt sind. Gleichwohl kann ein erfahrener Betriebsrat seine starken Mitbestimmungsrechte (etwa bei der Entscheidung über Überstunden) dazu nutzen, um Konzessionen des Managements in anderen Fragen zu erlangen. In diesem rechtlichen Gefälle zeigt sich, dass der Betriebsrat als ein Organ des Interessenausgleichs zwischen Management und Belegschaft zu verstehen ist und seine Rechte die betriebliche Herrschaft zwar nicht unbeträchtlich begrenzen, aber grundsätzlich nicht in Frage stellen.

Soziale Marktwirtschaft und Betriebsverfassungsgesetz

Nicht zuletzt den Sachverhalt, dass das Gesetz die wirtschaftliche Leitungsbefugnis des Unternehmers grundsätzlich nicht in Frage stellte, dürften die Väter der Sozialen Marktwirtschaft im Auge gehabt haben, wenn sie dem Gesetz ihren Segen gaben. Anders als das Montan-Mitbestimmungsgesetz, das sie als Bestandteil einer wirtschafts- und gesellschaftsreformatorischen Konzeption aus ordnungspolitischen Gründen ablehnten, sahen sie im Betriebsverfassungsgesetz ein »in der bewährten verfassungsrechtlichen Tradition des kollektiven Arbeitsrecht« stehendes Gesetzeswerk.[6] Franz Böhm, der noch vehement gegen das Montan-Mitbestimmungsgesetz gewettert hatte, sah in dem durch das Betriebsverfassungsgesetz eingeräumten Mitbestimmungsrecht ein aus dem Arbeitsvertrag abgeleitetes »rechtlich begründetes Mitbestimmungsrecht«, das ein Interesse der Belegschaftsmitglieder »an der Erhaltung ihrer Arbeitsplätze« zum Ausdruck brächte. Das wirtschaftliche Mitbestimmungsrecht des Betriebsrats greife zwar »in Zuständigkeiten des Unternehmers über, die nicht mehr vom Arbeitsvertrag erfasst sind«, es könne aber unternehmerische Entscheidungen (wie Betriebsänderungen) nicht verhindern, sondern nur Kompensationen (Abfindungen) für deren Folgen (Kündigungen) einfordern.[7] Ein Repräsentant der Bundesvereinigung der deutschen Arbeitgeberverbände erklärte rückblickend 1967: »Das Betriebsverfassungsgesetz verwirklicht dasjenige Maximum, das man verwirklichen kann, ohne die marktwirtschaftliche Ordnung und den Eigentumsgedanken zu gefährden.«[8] Demgegenüber hat Alfred Müller-Armack in einer späteren Stellungnahme sogar das novellierte Betriebsverfassungsgesetz von 1972, das die Rechte der Betriebsräte noch beträchtlich erweitert hatte, als mit dem »Stilprinzip der Sozialen Marktwirtschaft« vereinbar erklärt.[9]

5 Vertrauensleute, Betriebs- und Personalräte – der betriebliche Unterbau

Gewissermaßen das Skelett der Gewerkschaften sind ihre haupt- und ehrenamtlichen Funktionäre auf den verschiedenen Organisationsebenen. Dabei kommt dem Betrieb eine wichtige Rolle zu. In der Regel werden hier die Mitglieder geworben, informiert und aktiviert. Betrieb und Unternehmen sind zugleich die Orte, in denen gewerkschaftliche Repräsentanten das Mitbestimmungsrecht wahrnehmen.

Den gewerkschaftlichen Unterbau in den Betrieben bilden Vertrauensleute und Betriebsräte (im öffentlichen Dienst: Personalräte). Während Vertrauensleute von Gewerkschaftsmitgliedern einer Abteilung oder eines Betriebs gewählte, in manchen Fällen auch von örtlichen Gewerkschaftsfunktionären ernannte Repräsentanten sind, werden Betriebs- und Personalräte von der gesamten Belegschaft gewählt. Sie sind formal gesehen eine gewerkschaftsunabhängige Vertretungsinstanz.

Vertrauensleute

Die eigentlichen Repräsentanten der Gewerkschaft im Betrieb sind die Vertrauensleute. Bereits in der Frühzeit der Gewerkschaftsbewegung vermittelten sog. ›Obleute‹ (auch: ›Betriebsobleute‹) zwischen Mitgliedern und der Organisation. Sie verteilten Informationsmaterial, kassierten Beiträge und mobilisierten die Mitglieder bei Arbeitskämpfen.

Unter den heutigen Einzelgewerkschaften hat insbesondere die IG Metall schon früh begonnen, als Konsequenz aus der vom Gesetzgeber durchgesetzten Trennung und Unabhängigkeit der Institution Betriebsrat von der Gewerkschaft, ein System von Vertrauensleuten vor allem in den größeren Betrieben auf- und auszubauen. Heute verfügen die meisten DGB-Gewerkschaften über Vertrauensleute.[1] Von den Gewerkschaftsmitgliedern in einer Abteilung, einem Betriebsteil oder einer Arbeitsgruppe gewählt, vertritt ein Vertrauensmann bzw. eine Vertrauensfrau jeweils 30 bis 50 Kollegen und Kolleginnen des jeweiligen Arbeitsbereiches. Die gewerkschaftlichen Funktionen der Vertrauensleute sind begrenzt, in der Regel werden sie nicht durch die Satzung, sondern durch Richtlinien des zentralen Gewerkschaftsvorstandes festgelegt. Zu ihren Aufgaben gehören vor allem Dienstleistungen für die Organisation: Information und Aufklärung der Mitglieder, Mitgliederwerbung und Verteilung von gewerkschaftlichem Informationsmaterial.

Die Beziehungen zwischen Betriebsrat und Vertrauensleuten waren in der Vergangenheit teilweise durch Konkurrenz bestimmt. Es gab in den 1960er und frühen 1970er Jahren in einigen Gewerkschaften Bestrebungen, die Vertrauensleutekörper als Gegengewicht zu den Betriebsräten aufzubauen. Bei den Konflikten und Rivalitäten zwischen den beiden Gruppen behielten indessen die Betriebsräte die Oberhand. Erwartet wird heute von den Vertrauensleuten nicht die Kontrolle, sondern die Unterstützung der Betriebsratsarbeit. In der Mehrzahl der Betriebe sind sie zum verlängerten Arm des Betriebsrats geworden. Generell gesehen hat die Funktion der Vertrauensleute an Attraktivität verloren. Die Gewerkschaften sehen sich gegenwärtig mit dem Problem konfrontiert, nicht genügend aktive Mitglieder für diese Funktion zu gewinnen. In ostdeutschen Betrieben ist die gewerkschaftliche Präsenz ungleich geringer als in westdeutschen. Vertrauensleutekörper gibt es dort nur vereinzelt, etwa in den wenigen Automobilwerken.

Vertrauensleute haben verständlicherweise vornehmlich in größeren Betrieben (ab 300 Beschäftigten) ihr Betätigungsfeld. Die IG Metall gibt für ihren Organisationsbereich Metallindustrie die Zahl der Vertrauensleute mit rund 48 000 in über 2200 Betrieben an, der Organisationsbereich der IG Bergbau, Chemie, Energie umfasst rund 19 000 Vertrauensleute in 870 Betrieben (Stand jeweils 2008).

Eine Besonderheit in der chemischen Industrie ist die Institution der betrieblichen Vertrauensleute. Dort sehen Betriebsvereinbarungen vor, dass in den größeren Betrieben alle Beschäftigten Vertrauensleute wählen, unabhängig von der gewerkschaftlichen Mitgliedschaft der Wähler und Gewählten. Im regelmäßigen Turnus von drei Jahren gewählt, sollen sie die Verbindung zwischen Belegschaft und Betriebsrat einerseits und zwischen Belegschaft und Betriebsführung andererseits durch regelmäßige Gespräche herstellen. Daneben existieren gewerkschaftliche Vertrauensleute, die nur von Gewerkschaftsmitgliedern gewählt werden. In der Vergangenheit hat das Nebeneinander der Vertrauensleute in der Vorläuferorganisation (IG Chemie-Papier-Keramik) heftige Konflikte ausgelöst. Auf Gewerkschaftstagen kam es zu erbitterten Auseinandersetzungen. Die Linke lehnte sie als »seismographische Frühwarnstelle« der Arbeitgeber ab und kritisierte die Betriebsräte, die derartige Betriebsvereinbarungen abgeschlossen hatten.[2] Nach langwierigen innergewerkschaftlichen Kontroversen setzte sich schließlich als Lösung die Koexistenz von betrieblichen und gewerkschaftlichen Vertrauensleuten durch. Anfang der 1980er Jahre einigten sich Arbeitgeberverband und Gewerkschaft auf eine Vereinbarung, die diese Koexistenz festschrieb. Zwischen betrieblichen und gewerkschaftlichen Vertrauensleuten besteht eine hohe Personenidentität (für das Werk Bayer Leverkusen wird sie auf etwa 80 Prozent geschätzt[3]).

Betriebsräte und Gewerkschaften

Das Verhältnis zwischen Gewerkschaften und Betriebsräten war nicht immer ungetrübt. In der Weimarer Republik begriffen sich die revolutionären Betriebsräte zunächst als eine eigenständige Bewegung, die an die Stelle der von den Gewerkschaften mit den Unternehmern eingegangenen Arbeitsgemeinschaft ein Rätesystem mit umfassender Betriebs- und Produktionskontrolle setzen wollte. Erst allmählich gelang es den Gewerkschaften, die Betriebsräte unter ihre Kontrolle zu bringen und sie – mit Hilfe des Betriebsrätegesetzes von 1920 – auf ihre Funktion als betriebliche Interessenvertretung zu beschränken.

Andererseits blieben die Betriebsräte als eine gesetzliche Einrichtung mit einer eigenen Wählerbasis und der Verpflichtung zur vertrauensvollen Zusammenarbeit mit dem Arbeitgeber den Gewerkschaften lange Zeit als eine zum »Betriebssyndikalismus« neigende Institution verdächtig. Ihr frühes Bestreben war, zumindest die Betriebsräte, die in den Gewerkschaften organisiert waren, den gewerkschaftlichen Instanzen unterzuordnen. In einem Beschluss der Interzonenkonferenz der Gewerkschaften vom August 1947 heißt es: »Der Betriebsrat ist in seiner gesamten Tätigkeit nicht nur den Gewerkschaftsmitgliedern des Betriebs und der Belegschaft, sondern auch seiner Gewerkschaft verantwortlich.«[4]

Die vor der gesetzlichen Regelung in den Betrieben spontan gebildeten Betriebsräte verstanden sich durchaus als Teil der Gewerkschaften. Auch die angloamerikanischen Alliierten hatten aus ihren arbeitsrechtlichen Traditionen heraus noch ernsthaft erwogen, die Betriebsräte als Gewerkschaftsorgane zu etablieren – etwa in dem Sinne, wie es die britischen *Shop Stewards* sind. Letzten Endes entschieden sie sich dann doch, an das Weimarer Betriebsrätegesetz zugunsten einer von den Gewerkschaften unabhängigen Belegschaftsvertretung anzuknüpfen.

Das verabschiedete Betriebsverfassungsgesetz beschränkte die gewerkschaftlichen Einflussmöglichkeiten auf den Betrieb in der Weise, dass zum einen die Wahl des Betriebsrats von der zuständigen Gewerkschaft angefochten oder seine Auflösung beantragt werden konnte und zum anderen Gewerkschaftsvertreter an Sitzungen des Betriebsrats auf Antrag mindestens eines Viertels des Betriebsratsgremiums teilnehmen konnten.

Der weitgehend verwehrte Zugang zum Betrieb veranlasste einige Gewerkschaften, durch den Ausbau und die Stärkung ihrer Vertrauensleutekörper Einfluss auf die Betriebsräte zu nehmen. Zugleich richteten sie Abteilungen für Betriebsräte oder Betriebspolitik ein, um die gewerkschaftlich organisierten Betriebsräte intensiver zu betreuen und zu schulen.

Obwohl der Betriebsrat formal eine unabhängige Institution ist, sehen die Gewerkschaften heute in ihm (und weniger in den Vertrauensleuten) die wichtigste Betriebsvertretung ihrer Mitglieder; entsprechend stark ist ihr Engagement bei den Betriebsratswahlen. Viele Kandidaten bewerben sich auf Gewerkschaftslisten um ein Mandat. Bislang konnten die DGB-Gewerkschaften mit einer leicht rückläufigen Tendenz etwa drei Viertel der Mandate für ihre Mitglieder gewinnen.[5] Nach Berechnungen des arbeitgebernahen Instituts der deutschen Wirtschaft liegt der Anteil der auf den DGB entfallenden Mandate um etwa 10 Prozentpunkte niedriger.[6] Von den Belegschaften traditioneller Industriezweige werden Betriebsräte häufig mit den Gewerkschaften gleichgesetzt.

Dieser Erfolg ist einer entwickelten Symbiose von Gewerkschaften und Betriebsräten zu verdanken. Auf der einen Seite beraten und unterstützen die Gewerkschaften die Betriebsräte in ihrer Tätigkeit, während die Betriebsräte auf der anderen Seite in den Betrieben Gewerkschaftsmitglieder werben und an die Organisation binden. Diese Funktion macht Betriebsräte für die Gewerkschaften unentbehrlich und verschafft ihnen eine relativ eigenständige Machtposition gegenüber dem hauptamtlichen Gewerkschaftsapparat, welche dadurch wiederum relativiert wird, dass ihre Wiederwahl häufig über Gewerkschaftslisten erfolgt. Auch die gewerkschaftliche Präsenz im Betrieb hängt entscheidend von den Betriebsräten ab, da sie positiv wie negativ die Handlungsspielräume der Vertrauensleute und die Zugangsmöglichkeiten von Gewerkschaftsvertretern beeinflussen können. Aufgrund dieser wechselseitigen Interessenlage lernten die Gewerkschaften, eine Betriebsvertretung zu akzeptieren, die nicht integrierter Teil ihrer Organisation ist und die ihre eigene Wählerbasis hat.

In der Reformära 1972–76, als die sozialliberale Koalition

im Rahmen ihrer Reformpolitik das Betriebsverfassungsgesetz novellierte, wurden nicht nur die Mitwirkungsrechte der Betriebsräte gestärkt und ausgeweitet, sondern auch die gewerkschaftlichen Rechte im Rahmen der Betriebsverfassung erheblich erweitert. Danach besitzt jede im Betrieb vertretene Gewerkschaft (und das gilt für jede, die mindestens einen Arbeitnehmer zu ihren Mitgliedern zählt) bestimmte Befugnisse, die ihr den betrieblichen Zugang und Einfluss auf betriebliche Prozesse sichern. Es handelt sich dabei im einzelnen um:

– *Initiativrechte* zur Wahl eines Betriebsrats (sog. »Geburtshilfe«) und zur Einberufung einer Betriebsversammlung;
– *Teilnahmerechte* an Betriebs- und Abteilungsversammlungen und – sofern mindestens ein Viertel der Betriebsratsmitglieder dies wünscht – an Sitzungen des Betriebsrats;
– *Kontrollrechte* im Hinblick auf: Anfechtung der Betriebsratswahl; Antrag auf Amtsenthebung gegen einzelne oder alle Betriebsratsmitglieder; Strafantrag gegen den Arbeitgeber, wenn er Wahl oder Tätigkeit des Betriebsrates behindert;
– *Zugangsrecht* zum Betrieb »zur Wahrnehmung der im Gesetz genannten Aufgaben und Befugnisse«.

Existiert in einem Betrieb kein Betriebsrat, kann die mit einem oder mehreren Mitgliedern in dem Betrieb vertretene Gewerkschaft zu einer Betriebsversammlung einladen, damit diese einen Wahlvorstand bestellt. Kommt die Betriebsversammlung nicht zustande oder wählt sie keinen

Wahlvorstand, kann die Gewerkschaft beim Amtsgericht die Bestellung eines Wahlvorstands beantragen. Das Gericht kann auch nicht betriebsangehörige Gewerkschaftsvertreter für den Wahlvorstand bestellen.

Das Zutrittsrecht der Gewerkschaft bedeutet auch, dass ein von ihr Beauftragter mit Betriebsrat und Arbeitnehmern Kontakt aufnehmen kann; es bezieht sich auf den gesamten Betrieb, nicht nur auf das Betriebsratsbüro. Erforderlich ist die vorhergehende Unterrichtung, nicht jedoch die Zustimmung des Arbeitgebers.

Verbreitung und Zusammensetzung von Betriebsräten

Nach Erhebungen des IAB bestehen ca. 120 000 Betriebsratsgremien in den Betrieben. Erstaunlich hoch ist die Beteiligung an den Betriebsratswahlen, mit meist über 75 Prozent nur noch vergleichbar mit den allgemeinen politischen Wahlen.[7]

Die ersten repräsentativen, dem IAB-Betriebspanel zu verdankenden Daten über die Verbreitung von Betriebsräten zeigen, dass es in zahlreichen kleineren und mittleren Betrieben trotz der gesetzlichen Vorkehrungen keinen Betriebsrat gibt (siehe Tabelle 2).

Insbesondere in Betrieben mit unter 100 Beschäftigten, in denen über die Hälfte aller abhängig Beschäftigten arbeiten, ist eine betriebliche Interessenvertretung häufig nicht vorhanden; am krassesten trifft dies für Betriebe der Größenordnung von 5 bis 20 Beschäftigten zu. Gleichwohl zeigen die IAB-Hochrechnungen auch, dass die Beschäftigten, die in Betrieben mit mehr als 20 Beschäftigten arbeiten, in Westdeutschland zu über 60 Prozent, in Ostdeutschland zu

Betriebe	Einen Betriebsrat haben	
	...% der Betriebe	...% der Beschäftigten
Westdeutschland		
mit 5–50 Beschäftigten	6	10
mit 51–100 Beschäftigten	39	40
mit 101–199 Beschäftigten	64	65
mit 200–500 Beschäftigten	79	81
mit mehr als 500 Beschäftigten	90	92
alle Betriebe	10	46
mit 5–20 Beschäftigten	4	6
alle Betriebe ab 21 Beschäftigten	31	61
alle Betriebe ab 51 Beschäftigten	54	72
Ostdeutschland		
mit 5–50 Beschäftigten	6	12
mit 51–100 Beschäftigten	38	39
mit 101–199 Beschäftigten	60	61
mit 200–500 Beschäftigten	74	74
mit mehr als 500 Beschäftigten	85	88
alle Betriebe	10	39
mit 5–20 Beschäftigten	4	5
alle Betriebe ab 21 Beschäftigten	32	53
alle Betriebe ab 51 Beschäftigten	50	64

Tabelle 2: Betriebe mit Betriebsräten nach Betriebsgröße, 2007
Quelle: IAB-Betriebspanel, 15. Welle West, 12. Welle Ost, 2007

über 50 Prozent durch einen Betriebsrat vertreten werden. Die Mehrzahl der Betriebe mit mehr als 50 Beschäftigten hat in West- wie in Ostdeutschland einen Betriebsrat.

In den Betriebsräten (als Institution) sind Frauen, Ausländer und Geringqualifizierte in der Regel unterrepräsentiert. Betriebsräte (als Personen) kommen meist aus der männlichen Stammbelegschaft. Der Anteil der Frauen ist zwar seit den 1980er Jahren angestiegen: von knapp 20 Prozent (1984) auf 26 Prozent (2006); er liegt aber immer noch deutlich unter dem Anteil der Frauen an der Zahl der Beschäftigten (über 40 Prozent) und auch unterhalb ihres Anteils an den Gewerkschaftsmitgliedern (über 30 Prozent). Seit 2001 schreibt das Betriebsverfassungsgesetz einen »Minderheitenschutz« vor: das Geschlecht, das in der Belegschaft in der Minderheit ist, soll »mindestens entsprechend seinem zahlenmäßigen Verhältnis im Betriebsrat vertreten sein« (§ 15 Abs. 2). Der Anteil der Betriebe, die die Geschlechterquote erfüllen, liegt bei 72 Prozent.[8]

Typologie der Betriebsräte

In den Betrieben, in denen Betriebsräte gewählt wurden, existieren sehr verschiedenartige Praxisformen. Seit den 1980er Jahren haben Sozialforscher mit Typologien das breite Spektrum der Betriebsräte von Kümmerexistenzen bis zu professionellen Co-Managern ausdifferenziert. Der Soziologe Hermann Kotthoff hat als einer der ersten eine solche Typologie erstellt.[9] Er unterscheidet zwischen sieben verschiedenen Formen der betrieblichen Interessenvertretung:

1. Ignorierter Betriebsrat,
2. Isolierter Betriebsrat,
3. Betriebsrat als Organ der Geschäftsleitung,
4. Standfester Betriebsrat,
5. Betriebsrat als konsolidierte Ordnungsmacht,
6. Betriebsrat als aggressive Gegenmacht,
7. Betriebsrat als kooperative Gegenmacht.

Kotthoff zählt die Typen 1–3 zur Gruppe der unzulänglichen und defizitären Interessenvertretung, die Typen 4–7 zur Gruppe der effektiven Interessenvertretung. Wichtige Faktoren für die Durchsetzungsfähigkeit und den Grad der Professionalität des Betriebsrats sind die Größe des Betriebes, das Rollenverständnis des Betriebsrats sowie die Einstellung der Geschäftsleitung. In größeren Betrieben stehen den Betriebsräten umfangreichere Ressourcen zur Verfügung und gibt es freigestellte Betriebsratsmitglieder, die ihre gesamte Arbeitszeit dem Amt widmen können. Rollenverständnis und Einstellungen der Betriebsparteien bedingen sich oft gegenseitig. Entgegenkommende Arbeitgeber werden auf der Gegenseite eher kooperatives Verhalten hervorrufen als feindselig eingestellte, und umgekehrt können Betriebsräte mit klassenkämpferischem Impetus kaum Kooperation der Geschäftsleitung erwarten. Das betriebliche Interaktionsverhältnis zwischen Betriebsrat und Management bildet sich im Mit- und Gegeneinander heraus und kann sich als betriebliche »Sozialordnung« verfestigen.

Kotthoff hat seine Untersuchung in den gleichen Betrieben 15 Jahre später wiederholt und Erstaunliches festgestellt. Fand er in seiner ersten Untersuchung Mitte der

1970er Jahre noch in zwei Dritteln der Betriebe eine defiziente Interessenvertretung, dann betrug dieser Anteil Anfang der 1990er Jahre nur noch ein Drittel der Betriebe. In interaktiven Lernprozessen hatten die betrieblichen Akteure nach der Novellierung des Betriebsverfassungsgesetzes von 1972 ihre Beziehungen auf eine kooperative und rationalere Grundlage gestellt.

Andere Sozialforscher haben andere Typologien entwickelt. Eine einfache Vierertypologie des Verfassers[10] gruppiert nach:

1. Konventioneller Betriebsrat,
2. Engagierter Betriebsrat,
3. Ambitionierter Betriebsrat,
4. Co-Manager.

In dieser Typologie spiegelt sich das Selbstverständnis des Betriebsrats über seinen Aufgabenbereich, der von traditionellen Zuständigkeiten bis zur aktiven Gestaltung von Arbeitsorganisation und Arbeitszeit reichen kann.

Der Typ des »konventionellen Betriebsrats« beschränkt sich stark auf die traditionellen Aufgabenfelder, er hat sich noch nicht mit der Aufnahme neuer Themen in die Betriebsratsarbeit beschäftigen müssen, da es in seinem Betrieb keine neue Formen der Arbeitsorganisation gibt und es auch keine neuen Anforderungen hinsichtlich der Gestaltung der Arbeitszeit gegeben hat. Betriebsräte des »engagierten« Typs werden mit neuen Formen der Arbeitsorganisation bzw. neuen Formen der Arbeitszeitgestaltung konfrontiert und haben sich mit diesen neuen Anforderungen auseinandergesetzt. Die »ambitionierten« Betriebsräte sind bislang nicht nur mit den neuen Herausforderungen konfrontiert worden, sondern können auch bereits Erfolge durch den Abschluss von entsprechenden Betriebsvereinbarungen vorweisen. Betriebsräte als »Co-Manager« sind vor allem in den Betrieben zu finden, die neue Arbeitsorganisationsformen und neue Arbeitszeitmodelle eingeführt haben. Sie haben sich an den betrieblichen Umstrukturierungsprozessen beteiligt und auch Betriebsvereinbarungen zu diesen neuen Feldern abgeschlossen. Diese Betriebsräte, die vor allem in den größeren Betrieben zu finden sind, akzeptieren nicht nur eine Funktionserweiterung der Betriebsratsarbeit, sondern setzen diese auch in ihrer Praxis um.

Betriebsrat als Co-Manager

Jüngere sozialwissenschaftliche Untersuchungen heben hervor, dass Betriebsräte aktiv in unternehmerische Prozesse der »kooperativen Modernisierung«[11] einbezogen werden. Darin manifestiert sich ein grundlegender Wandel der Verhandlungsbeziehungen und der »Interaktionskultur« zwischen den betrieblichen Akteuren, die Stichworte dafür sind Versachlichung, Rationalität und Professionalisierung.[12] Nicht selten treten Betriebsräte als kompetente Krisenmanager, Agenten des Wandels und Promotoren der Modernisierung auf.

Bei den Reorganisationsprozessen von Arbeits- und Unternehmensorganisationen in den letzten beiden Jahrzehnten wurden und werden die Betriebsräte in vielen Unternehmen maßgeblich beteiligt. Das hat ihre innerbetriebliche Position ungemein gestärkt und erklärt, dass für sie die

Bezeichnung »Co-Manager« auch in den Medien Verbreitung fand. So hat beispielsweise in den Auseinandersetzungen um die Neustrukturierung des Autokonzerns Opel der Betriebsratsvorsitzende Klaus Franz in den Verhandlungen mit Investoren, Regierungen und anderen Beteiligten auch in der Öffentlichkeit eine herausgehobene Rolle gespielt. Auch beim Zusammenschluss von Porsche mit dem Volkswagen-Konzern waren die Betriebsratsvorsitzenden beider Unternehmen mit führenden Rollen beteiligt.

Der VW-Konzern liefert freilich auch ein Beispiel dafür, wie sehr einflussreiche Betriebsratsvorsitzende sich aus ihrer Machtposition heraus nicht nur bereichern, sondern auch in korrupte Praktiken verstricken können. Dort hatten einige Spitzenrepräsentanten um den Gesamtbetriebsratsvorsitzenden »jenseits von Recht und Moral über Jahre hinweg im Einvernehmen (zumindest) mit dem Personalvorstand (...) unstatthafte Privilegien erhalten (irreguläre Gehälter) und Ressourcen des Unternehmens für private Zwecke (Bordellbesuche, Geschenke u. a.) missbraucht«.[13]

Abgesehen von derart spektakulären Ausnahmefällen besteht bei co-manageriellen Betriebsräten generell die Gefahr, dass sie zwar ihre Beteiligungsparameter vor allem in wirtschaftlichen Fragen zugunsten des Unternehmens ausweiten, dabei aber ihren Vertretungsauftrag für die Beschäftigten vernachlässigen. Die Machtfülle und Ämterhäufung von Spitzenbetriebsräten konfrontieren diese mit vielfältigen Erwartungen und Verpflichtungen, die sie häufig weit von ihrer originären Funktion als Interessenvertretung der Belegschaft entfernen.

Personalvertretungen

In den Verwaltungen und Behörden des öffentlichen Dienstes sehen die Personalvertretungsgesetze des Bundes und der Länder die Wahl von Personalräten vor. In allen Dienststellen (Behörden, Verwaltungen, Gerichte) mit fünf und mehr Beschäftigten sind Personalräte zu wählen. Sie setzen sich aus den drei Statusgruppen öffentlich Bediensteter – Arbeiter, Angestellte und Beamte – je nach Gruppenstärke zusammen. Zwei Jahre nach dem Betriebsverfassungsgesetz wurden auch die Personalvertretungsgesetze novelliert (1974). Die Institution des Personalrats ist der des Betriebsrats ähnlich, wenngleich seine Rechte etwas schwächer ausfallen. Die Mitbestimmungsrechte beziehen sich auf soziale und personelle Angelegenheiten und können nicht, wie die der Betriebsräte in der Privatwirtschaft, durch Tarifvertrag erweitert werden. Das Äquivalent zur Betriebsvereinbarung ist die Dienstvereinbarung, die Personalräte und Dienststellenleitungen miteinander abschließen.

Während die Statusgruppen mit etwa den gleichen Anteilen wie in der Beschäftigungsstruktur in den Personalräten vertreten sind, liegt der Anteil der Frauen (mit ca. 36 %) deutlich unter ihrem Anteil an den Beschäftigten (ca. 47 %). Die Personalräte sind, ähnlich wie die Betriebsräte, gewerkschaftlich zu etwa 75 Prozent organisiert. Im Gegensatz zur Privatwirtschaft besteht aber ein gewerkschaftlicher Pluralismus; etwa 20 Prozent der Personalräte sind Mitglied in anderen als DGB-Gewerkschaften, vorwiegend in Gewerkschaften des Deutschen Beamtenbundes. Darauf mag auch der eher lockere Zusammenhang zwischen Personalräten und Gewerkschaften zurückzuführen sein.[14]

6 Tarifpolitik und Arbeitskampf – das gewerkschaftliche *Kerngeschäft*

Wer von Gewerkschaften redet, meint zumeist Streit um Lohn und Arbeitsbedingungen im Rahmen von Tarifverhandlungen. Die Tarifpolitik ist zweifellos das Kerngeschäft der Gewerkschaften. Daher ist die Institution der Tarifautonomie für sie lebenswichtig. Sie gehört, wie das Streikrecht, konstitutiv zu der im Grundgesetz Artikel 9 Abs. 3 garantierten Koalitionsfreiheit. Dies hat das Bundesverfassungsgericht in einer Entscheidung von 1991 bestätigt. Demnach fallen der »Abschluss von Tarifverträgen« sowie »Arbeitskampfmaßnahmen, die auf den Abschluss von Tarifverträgen gerichtet sind«, als Mittel zur Verfolgung des Koalitionszwecks ebenfalls unter die gesetzlich garantierte Koalitionsfreiheit.[1]

Tarifautonomie und Tarifvertragsgesetz

Die Tarifautonomie ist ein von staatlichen Einflüssen unabhängiges Verfahren, bei dem Gewerkschaften und Arbeitgeber (bzw. deren Verbände) kollektivvertragliche Regelungen über Löhne und sonstige Arbeitsbedingungen frei vereinbaren. Soziologen haben dafür die Metaphern »Institutionalisierung des Klassenkonflikts« und »zivilisierter Klassenkampf« geprägt.[2] In ihnen spiegeln sich als ihr Ursprung die Interessenkonflikte zwischen Kapital und Arbeit wider. Die nach langen und erbitterten Auseinandersetzungen erfolgte Anerkennung der Tarifautonomie als eines konstitutiven Bestandteils demokratischer Verfassungen legitimiert die abhängig Beschäftigten und ihre Organisationen dazu, ihre gemeinsamen Interessen mit – aus der Sicht des Marktliberalismus – kartellförmigen Zusammenschlüssen und Mitteln des Arbeitskampfes durchzusetzen, auch wenn sie dabei Unternehmen materiellen Schaden zufügen.

Das Tarifvertragsgesetz, welches »die Grundlage für eine bis dahin ungekannte Autonomie der Gewerkschaften und Arbeitgeberverbände für die Gestaltung der industriellen Beziehungen«[3] im Nachkriegsdeutschland legte, wurde noch vor der offiziellen Konstitution der Bundesrepublik beschlossen. Verabschiedet hat es am 9. April 1949 der Frankfurter Wirtschaftsrat, ein von der britischen und amerikanischen Militärregierung geschaffenes quasiparlamentarisches Gremium für die bizonale Wirtschaftsverwaltung. Es war eines von etwa 150 verabschiedeten Gesetzen, mit denen dieses Vorläufer-Parlament wichtige Vorentscheidungen über die künftige Wirtschaftsordnung der Bundesrepublik traf; diese Gesetze galten als Bundesrecht weiter, so auch das Tarifvertragsgesetz.

Obwohl das Tarifvertragsgesetz in seiner regulativen Bedeutung weiter reicht als die beiden anderen behandelten Gesetze (Montan-Mitbestimmungsgesetz und Betriebsverfassungsgesetz), wurde es ohne größere Konflikte einstimmig verabschiedet. Vorausgegangen war dem freilich ein grundlegender Kompromiss zwischen Gewerkschaften und Arbeitgeberverbänden.

Bereits vor Ende des Krieges hatten die westlichen Alliierten die Absicht kundgetan, in Deutschland eine Tarifautonomie nach dem Muster des angelsächsischen *free collective bargaining* durchzusetzen, eine Absicht, die sie als Besatzungsmächte gegenüber Gewerkschaften und Arbeitgebern weiterverfolgten. Angestoßen durch eine frühe Initiative des renommierten Kölner Arbeitsrechtlers Hans Carl Nipperdey für ein liberales Tarifrecht, diskutierten Repräsentanten der Gewerkschaften und Arbeitgeber über die zukünftige Gestalt der Tarifautonomie. Auf beiden Seiten setzten sich schließlich die Vertreter einer staatsfreien Regulierungssphäre durch. Staatliche Einflussnahme, wie die von der Arbeitsverwaltung geforderte verpflichtende Eintragung der Tarifverträge in ein Tarifregister mit einem materiellen Prüfungsrecht des Präsidenten des Zentralamtes für Arbeit, lehnten sie ab. Die negativen Erfahrungen mit der staatlichen Zwangsschlichtung während der Weimarer Republik hatten beide Parteien skeptisch gegenüber staatlichen Interventionen gemacht. Der Frankfurter Wirtschaftsrat akzeptierte schließlich den von den Gewerkschaften eingebrachten Entwurf für ein liberales Tarifrecht, das im Einklang mit der von ihm angestrebten liberalen Wirtschaftsordnung stand, die wenig später von ihren Vordenkern als Soziale Marktwirtschaft bezeichnet wurde.

Mit nur 13 Paragraphen ist das Tarifvertragsgesetz ein schlankes Gesetz. Es fixiert rechtliche Rahmenbedingungen für Tarifverhandlungen. Ein rechtswirksamer Tarifvertrag setzt ihm zufolge voraus, dass er auf Arbeitnehmerwie auf Arbeitgeberseite von einer tariffähigen Partei abgeschlossen und in Schriftform niedergelegt wurde. Auf Arbeitnehmerseite sind nur Gewerkschaften, auf Arbeitgeberseite ist auch der einzelne Unternehmer tariffähig. Der einzelne Arbeitgeber kann als Tarifpartei auftreten, da ein Unternehmer in der Regel über mehrere Arbeitsplätze verfügt und damit – schon als einzelner – eine »Koalition« darstellt, die dem Arbeitnehmer als wirtschaftliche Macht ge-

genübertritt. Der Tarifvertrag regelt die »Rechte und Pflichten der Tarifvertragsparteien und enthält Rechtsnormen, die den Inhalt, den Abschluss und die Beendigung von Arbeitsverhältnissen sowie betriebliche und betriebsverfassungsrechtliche Fragen ordnen können« (§ 1 Abs. 1). Damit werden zwei verschiedenartige Regelungen benannt: zum einen Abmachungen, die nur die beiden Tarifparteien berechtigen und verpflichten (*schuldrechtlicher* Teil des Tarifvertrags); zum anderen Rechtsnormen, die nach Art eines Gesetzes für alle erfassten Arbeitsverhältnisse gelten sollen (*normativer* Teil des Tarifvertrags). Letztere gelten »unmittelbar und zwingend« (§ 4 Abs. 1) für die Mitglieder der Tarifparteien. Das bedeutet, dass die vereinbarten Normen nicht unterschritten werden dürfen, selbst nicht mit dem Einverständnis der Betroffenen; günstigere Regelungen sind indessen erlaubt. Rechtlich gesehen ist ein tarifgebundener Arbeitgeber nur verpflichtet, die Mitglieder der tarifgebundenen Gewerkschaft zu den vereinbarten Bedingungen zu beschäftigen; in der Regel gewährt er indessen auch den Nichtmitgliedern die gleichen Bedingungen, da er sie zum Eintritt in die Gewerkschaft motivieren würde, wenn er sie schlechterstellte. Unter bestimmten Bedingungen kann auf Antrag einer Tarifvertragspartei der Bundesminister für Arbeit und Sozialordnung einen Tarifvertrag für allgemeinverbindlich erklären, der dann im jeweiligen Geltungsbereich auch die Nichtmitglieder der Tarifvertragsparteien bindet (§ 5).

Zur Tariffähigkeit gehört auch das Vermögen, »durch Ausüben von Druck auf den Tarifpartner zu einem Tarifabschluss zu kommen«. Diese nicht aus dem Tarifvertragsgesetz stammende, sondern dem Staatsvertrag mit der DDR über die Währungs-, Wirtschafts- und Sozialunion von 1990 entnomme Formulierung basiert auf mehreren Entscheidungen des Bundesarbeitsgerichts, die auch vom Bundesverfassungsgericht bestätigt wurden. Sie haben die »soziale Mächtigkeit«, das heißt den Willen und die Fähigkeit, einen Arbeitskampf zu führen, zum notwendigen Merkmal einer tariffähigen Gewerkschaft erklärt.

Tarifverhandlung, Schlichtung, Arbeitskampf

Das Tarifvertragsgesetz regelt die Tariffähigkeit und Tarifzuständigkeit der Parteien, die Form des Tarifvertrags und seine Rechtswirkungen. Die eigentlichen Tarifverhandlungen werden durch dieses Gesetz nicht geregelt; sie erfolgen nach eingespielten Regeln auf der Basis freiwilliger Übereinkünfte zwischen den Tarifparteien, die zumeist über gesonderte tarifpolitische Gremien (Tarifkommissionen) und auf Tariffragen spezialisierte Abteilungen verfügen.

Eine Tarifverhandlung über Lohnerhöhungen beginnt gewöhnlich mit einer Zusammenkunft der Repräsentanten und Experten beider Seiten, die sich zunächst über die wirtschaftliche Lage ihres Tarifbereichs zu verständigen suchen, um den Spielraum für Lohnerhöhungen abzustecken. Dem schließen sich Verhandlungen über Forderung und Angebot an. Kommt es zu keiner Einigung, wird in der Regel die Schlichtung angerufen. Das Schlichtungsverfahren ist eine von den Tarifvertragsparteien freiwillig geschaffene Einrichtung, meist mit einem neutralen Vorsitzenden. Wird auch auf dieser Ebene keine Einigung erzielt, erlischt die Friedenspflicht, das heißt, die Parteien können, sofern der alte Tarifvertrag ausgelaufen ist, zu Maßnahmen des

Arbeitskampfes greifen. Kurze Warnstreiks sind auch schon während der Tarifverhandlungen erlaubt. Bevor eine Gewerkschaft zu einem Streik aufruft, befragt sie ihre Mitglieder in einer Urabstimmung. Da ein Streik erhebliche Risiken vor allem für die Streikkasse birgt, haben die Gewerkschaften in ihren Satzungen eine hohe Schwelle eingebaut: die erforderliche Zustimmungsquote liegt meist bei 75 Prozent. Auf einen Streik können die Arbeitgeber mit einer Aussperrung reagieren.

Deutschland ist im Vergleich zu einigen Nachbarländern ein streikarmes Land. Gleichwohl erlebte die frühe Bundesrepublik in ihrer ersten Dekade ein gutes Dutzend großer Streiks. In den späteren Dekaden traten die Streiks wesentlich seltener auf.

Frühe Tarifpolitik

Die Tarifpolitik der 1950er Jahre zeichnete sich dadurch aus, dass die Gewerkschaften zunächst nur mit erheblichen Anstrengungen und Kampfmaßnahmen ihren Anspruch auf turnusmäßige Lohnerhöhungen verwirklichen konnten. Bei der Durchsetzung dessen, was man den »Lohnrundenmechanismus« nennt, gingen die IG Metall und die Gewerkschaft Textil voran. Die IG Metall streikte 1951 mit 80 000 Beteiligten 4 Wochen lang in Hessen und 1954 mit 100 000 Beteiligten 3 Wochen lang in Bayern. Die Gewerkschaft Textil-Bekleidung streikte 1953 mit 22 000 Beteiligten 6 Wochen lang in Westfalen und 1958 mit 15 000 Beteiligten 9 Wochen lang in Niedersachsen und Hessen. Weitere Lohnstreiks fanden in diesem Jahrzehnt in der Land- und Forstwirtschaft, der Druckindustrie, in Kommunal- und

Verkehrsbetrieben, der Holzindustrie und den Werften statt.[4]

Die gewerkschaftliche Lohnpolitik stand zu dieser Zeit noch unter dem Einfluss des Konzepts der »expansiven Lohnpolitik«. Dessen Grundgedanken hatte Victor Agartz (damaliger Leiter des Wirtschaftswissenschaftlichen Instituts des DGB) schon Anfang der 1950er Jahre entwickelt. Diesem zufolge sollten die Gewerkschaften eine aggressive Lohnpolitik betreiben, die sich allein an den Interessen ihrer Mitglieder orientieren sollte. Das Ziel sei ein steigender Lohnanteil an den betrieblichen Gesamtkosten, wodurch die Unternehmer zu verstärkten Rationalisierungen gezwungen würden. Agartz' Argumentation blieb ambivalent. Einerseits verteidigte er die expansive Lohnpolitik als eine Reaktion auf die verweigerten Reformen zur wirtschaftlichen Neuordnung: schließlich seien die Gewerkschaften für das Wohl und Wehe der restaurierten kapitalistischen Wirtschaftsordnung nicht verantwortlich. Andererseits wollte er die Lohnpolitik zur Rationalisierungspeitsche machen: die Unternehmer sollten den von den Gewerkschaften lohnpolitisch vorweggenommenen Produktivitätsfortschritt durch Rationalisierungsinvestitionen erst noch realisieren. Das Konzept beruhte auf einer Illusion. Der Versuch zu seiner Realisierung hätte in politische und ökonomische Konflikte mit einer Dauermobilisierung der Mitglieder einmünden müssen, wozu die Gewerkschaften weder fähig noch bereit waren.

Einen anderen Streikpunkt, die 40-Stunden- und 5-Tage-Woche, hatte der DGB 1956 mit seiner 1.-Mai-Losung »Samstags gehört Vati mir!« auf Plakaten wirksam in die Öffentlichkeit getragen. Eine Verkürzung der damals noch vorherrschenden 48-Stunden-Woche wurde in ersten Tarifverträgen stufenweise (1. Stufe: 45 Stunden) in der zweiten Hälfte der Dekade abgeschlossen.

Der längste Streik in der Arbeitskampfstatistik der Bundesrepublik fand 1956 und 1957 in der Metallindustrie Schleswig-Holsteins statt. Dort streikten 16 Wochen lang 34 000 Metallarbeiter für die Forderung nach der Lohnfortzahlung im Krankheitsfall. Das Ziel war eine Gleichstellung der gewerblichen Arbeiter mit den Angestellten, denen im Krankheitsfall bereits eine gesetzlich garantierte Weiterzahlung ihres Gehalts für 6 Wochen zustand. Mit dem Streik erzielte die IG Metall zwar nur einen Teilerfolg, der aber als ein moralischer Sieg im Ringen um soziale Gerechtigkeit von zeitgenössischen Kommentatoren gewertet wurde. Der katholische Sozialtheologe Oswald von Nell-Breuning schrieb damals, dass die Arbeiter es als kränkend empfunden hätten, gegenüber den Angestellten benachteiligt zu werden, weil man ihnen einen Missbrauch dieser Vergünstigung unterstelle, und dass die Gewerkschaft diesen »Ehrenpunkt« stark in den Vordergrund gestellt und »damit die Ehrenpflicht übernommen (habe), durch die Tat den Beweis zu erbringen: Dass der Arbeiter nicht weniger ›Ehre im Leibe hat‹, als man seit Jahrzehnten dem Angestellten mit Selbstverständlichkeit zuschreibt«.[5] Die zunächst nur tarifvertraglich geregelte Gleichstellung wurde von der Gesetzgebung übernommen, aber erst das Lohnfortzahlungsgesetz von 1969 brachte die faktische Gleichstellung.

Tarifpolitik nach der ›Rekonstruktionsphase‹

In der Wirtschaftstheorie bezeichnet man den Prozess des Wiederaufbaus des Kapitalstocks einer Volkswirtschaft nach seiner Zerstörung als Rekonstruktion. Für sie ist ein beschleunigtes Wirtschaftswachstum charakteristisch. Die Nachkriegsjahre bis etwa Anfang der 1960er Jahre können als Rekonstruktionsphase, in der die Folgen des Krieges relativ schnell überwunden wurden, bezeichnet werden.

In den 1960er Jahren gingen die Streikaktivitäten deutlich zurück. Der Lohnrundenmechanismus hatte sich durchgesetzt. Die IG Metall wurde quasi zum Lohnführer für die anderen Gewerkschaften. Sie setzte die Standards für die Lohnerhöhungen und erstritt sie, wenn erforderlich, mit exemplarischen Streiks in gewerkschaftlich gutorganisierten Tarifgebieten. Zum bevorzugten »Durchbruchsbezirk« wurde die Metallindustrie Baden-Württembergs mit ihrer Mischung florierender Branchen (Auto-, Elektro- und Maschinenbauindustrie). Hier rief die IG Metall 1963 und 1971 zu mehrwöchigen Schwerpunktstreiks auf, die von Arbeitgeberseite mit flächendeckenden Aussperrungen beantwortet wurden.

Für die bundesdeutschen Gewerkschaften waren die Aussperrungen eine neue Erfahrung. Zuvor hatten die Arbeitgeber im Jahre 1953 nur einmal in dem kleinen Tarifgebiet Unterweser 15 000 Werftarbeiter ausgesperrt. Zehn Jahre später wurde erstmals eine expansive Verbandsaussperrung praktiziert. Nachdem über 100 000 Metallarbeiter 1963 in den Streik getreten waren, sperrten die Unternehmer Baden-Württembergs eine dreifache Zahl aus. Ähnliche Proportionen zwischen Streikenden und Ausgesperrten ergaben sich acht Jahre später, beim Arbeitskampf 1971, der ebenfalls in der Metallindustrie Baden-Württembergs geführt wurde.

Die rechtliche Normierung der Aussperrung geht, wie die des Streiks, auf Grundsatzbeschlüsse des Bundesarbeitsgerichts zurück. Bereits 1955 sanktionierte ein Urteil die Aussperrung als zum Streik äquivalentes Kampfmittel der Arbeitgeber: »Dem Streik entspricht die Aussperrung, gleichgültig, ob die von einem Arbeitgeberverband beschlossen und von den einzelnen Arbeitgebern durchgeführt wird oder ob ein oder mehrere Arbeitgeber sie durchführen.«[6] Spät und vergeblich haben die Gewerkschaften in den 1970er Jahren gefordert, die Aussperrung zu verbieten.

Ein bedeutsames Ergebnis zeitigte ein Tarifkonflikt in der Eisen- und Stahlindustrie von 1965. Der damalige Schlichter Helmut Meinhold schlug eine »Doppelanpassung der Löhne« vor: an den realen gesamtwirtschaftlichen Produktivitätsfortschritt einerseits und die Steigerungsrate der Lebenshaltungskosten andererseits. Diese »modifizierte Produktivitätsregel« wurde später vom ›Sachverständigenrat zur Begutachtung der gesamtwirtschaftlichen Entwicklung‹ (SVR) als verteilungsneutrale Lohnformel übernommen. Während der SVR bis dahin Erhöhungen der Nominallöhne allein an die realen Produktivitätssteigerungen binden wollte (einfache Produktivitätsregel), gestand der Schlichter der gewerkschaftlichen Lohnpolitik zusätzlich einen Inflationszuschlag zu (modifizierte Produktivitätsregel), um die verteilungspolitischen Status quo aufrechtzuerhalten. Die auch als ›Meinhold-Formel‹ bezeichnete modifizierte Produktivitätsregel wurde später als verteilungsneutrale bzw. stabilitätsgerechte Lohnformel vom SVR übernommen.

Diese Lohnformel lag schon nahe an dem gewerkschaftlichen Konzept einer »aktiven Lohnpolitik«. Mit diesem neuen Konzept, welches gegen das der expansiven Lohnpolitik ausgetauscht worden war, akzeptierten die Gewerkschaften, dass die Lohnpolitik eine konjunkturpolitische Bedeutung für Wachstum und Stabilität hatte. Eine genaue Definition, was mit aktiver Lohnpolitik gemeint war, blieben die Gewerkschaften schuldig. Den vagen Umschreibungen lassen sich zumindest zwei Komponenten entnehmen: erstens sollte die Lohnpolitik die Kaufkraft der Massen stärken, und zweitens sollte sie ihnen einen gerechten Anteil am Sozialprodukt sichern.

Aber das gewerkschaftliche Ziel, durch Lohnpolitik einen gerechten Anteil am Sozialprodukt, sprich: eine Umverteilung im Verhältnis von Lohn- zu Gewinneinkommen zu erreichen, scheiterte an den wirtschaftlichen Machtverhältnissen und Marktmechanismen. Die Gewerkschaften hatten nur die Möglichkeit, die nominale Lohnhöhe zu beeinflussen, die durch Preissteigerungen seitens der Unternehmer wieder konterkariert werden konnte. Die Führung der damaligen Industriegewerkschaft Bau-Steine-Erden zog daraus die Konsequenz, ein Programm zur »Vermögensbildung in Arbeitnehmerhand« zu formulieren. Durch sie sollten ein gerechterer Anteil der Arbeitnehmerschaft am Sozialprodukt erreicht und der Arbeiter durch Vermögensbesitz entproletarisiert werden. Obwohl dieses Programm zunächst von einigen Gewerkschaften, vornehmlich der IG Metall und der ÖTV, abgelehnt worden war, folgten sie nach und nach dem Beispiel der IG

Bau und schlossen ebenfalls vermögenswirksame Tarifverträge ab.

Ein wichtiges tarifpolitisches Ziel war die 40-Stunden-
Woche. Ab Mitte der 1950er Jahre vereinbarten die Tarif-
parteien eine schrittweise Verkürzung der Wochenarbeits-
zeit. Als erste Gewerkschaften hatten die IG Druck und
Papier 1965 und die IG Metall 1967 das Ziel der 40-Stunden-
Woche erreicht; bis Mitte der 1970er Jahre war sie zum ta-
rifvertraglich gesicherten Standard für die überwiegende
Mehrheit der Arbeitnehmer geworden.

Ein ›Jahrzehnt der Gewerkschaften‹

Die Zeitspanne vom Ende der 1960er bis zum Ende der
1970er Jahre kann als eine sehr erfolgreiche Dekade nicht
nur für die Tarifpolitik der Gewerkschaften angesehen werden. Sie als ein »Jahrzehnt der Gewerkschaften« zu bezeichnen, wäre nicht übertrieben.

Es war die Phase intensiver Reformpolitik, die nach der
Ära Adenauer/Erhard einsetzte. Ein bedeutsames Zwi-
schenspiel war die große Koalition unter Kiesinger/Brandt
(1966–69), der die sozialliberalen Koalitionen unter Brandt
(1969–74) und Schmidt (1974–82) folgten.

Begonnen hatte diese Periode mit der Beteiligung der
Gewerkschaften an der Konzertierten Aktion, eingerichtet
von der großen Koalition und fortgeführt von der sozialliberalen Koalition, die eine Einbindung der Gewerkschaften in eine staatliche Einkommenspolitik mit weitreichen-
den Folgen bedeutete (siehe dazu nächstes Kapitel). Mit
der Novellierung des Betriebsverfassungsgesetzes von 1972
und der Verabschiedung des Mitbestimmungsgesetzes von

1976 wurden den Gewerkschaften erhebliche Konzessionen gemacht. Das mit mehreren hundert Millionen DM finanzierte Regierungsprogramm zur »Humanisierung der Arbeit« (ab 1974) trug wesentlich zur Verbreitung der öffentlichen Diskussion über eine Verbesserung der Arbeitsbedingungen bei.

Das Thema Arbeitsbedingungen und Arbeitsgestaltung hat die Gewerkschaften schon früh unter den Themen »Automation« und »Rationalisierung« beschäftigt. Bereits in den 1960er Jahren hatten sie sog. Rationalisierungsschutzabkommen abgeschlossen, die der Logik der »Monetarisierung« folgten, das heißt, die negativen Folgen (Belastungen und Freisetzungen) technischer und arbeitsorganisatorischer Rationalisierungen waren tarifpolitisch durch Leistungszulagen und Abfindungen geldlich kompensiert worden.

Das von den Modernisierungsprogrammen der Sozialdemokratie während der 1970er Jahre erzeugte Reformklima beflügelte die Gewerkschaften neu. Sie richteten ihre Aufmerksamkeit nun auf Lebensqualität und humane Arbeit. So veranstaltete die IG Metall 1972 eine große internationale Arbeitstagung mit dem Generalthema »Aufgabe Zukunft: Qualität des Lebens« (Oberhausen 11. bis 14. April) und der DGB 1974 einen Kongress zur »Humanisierung der Arbeit« (München 16. und 17. Mai).

Auch in der Tarifpolitik griff die IG Metall das populäre Thema auf. Nach einem neuntägigen Streik schloss sie 1973 in Baden-Württemberg den Lohnrahmentarifvertrag II ab, der als Humanisierungstarifvertrag in die Tarifgeschichte einging. Vor allem den Beschäftigten, die unter restriktiven Arbeitsbedingungen, wie der Fließbandarbeit, einem als »Arbeitshetze« empfundenen Produktionstempo ausgesetzt waren, erhielten eine Mindesterholzeit von 5 Minuten (nach dem damaligen Bezirksleiter ›Steinkühler-Pause‹ genannt) und eine Bedürfniszeit von 3 Minuten pro Stunde. Die Mindesttaktzeiten am Band sollten künftig 1,5 Minuten nicht unterschreiten. Ferner wurden Grundsätze zur menschengerechten Arbeitsgestaltung im allgemeinen und zur Aufgabenerweiterung und Aufgabenbereicherung im besonderen vereinbart. Verbunden mit erweiterten Informationsrechten, räumten sie den Betriebsräten größere Gestaltungschancen in Bezug auf die Arbeitsbedingungen ein.

Die Druckindustrie wurde ebenfalls zum Ort eines Arbeitskampfes um Arbeitsbedingungen. Die IG Druck und Papier reagierte auf die ab den 1970er Jahren auftretenden technologisch induzierten Veränderungen in dem von ihr organisierten Gewerbe. Als Folge der mikroelektronischen Revolution bedrohte die Einführung von digitaler Texterfassung und Ersetzung des Bleisatzes durch den Fotosatz ganze Berufssparten des grafischen Gewerbes, allen voran die große Gruppe der Schriftsetzer. Die neuen Bildschirmgeräte zur Texterfassung und Textverarbeitung konnten von Schreibkräften und Redakteuren bedient werden, die mit dem Fortgang der Digitalisierung und Vernetzung aller technischen Abteilungen die gesamte Eingabe und Aufbereitung von Texten und Bildern, einschließlich des Seitenumbruchs am Bildschirm, außerhalb des technischen Satzbereichs vornehmen konnten. Gegen die Verlagerung traditioneller Setzerarbeiten auf Redakteure, Journalisten und Schreibkräfte trat die IG Druck und Papier zum Kampf an und forderte einen Tarifvertrag, der die Besetzung der Arbeitsplätze an den Bildschirmgeräten für die von ihr vertretenen gewerblichen Berufsgruppen absichern sollte.

Über diese »Besetzungsregeln« kam es zu einer langwierigen Tarifauseinandersetzung, die sich über einen mehr als anderthalbjährigen Zeitraum (August 1976 bis März 1978) erstreckte. Beginnend mit den ersten Warn- und Proteststreiks Ende 1977, eskalierten die Auseinandersetzungen zwischen der IG Druck und Papier und dem Bundesverband der Druckindustrie. Erst nach einem dreiwöchigen Arbeitskampf mit insgesamt 20 000 Streikenden und über 50 000 Ausgesperrten konnten die widerstreitenden Interessen auf einen Tarifkompromiss »heruntergefahren« werden. Das Ergebnis des Streiks bedeutete für die Gewerkschaft einen »Sieg auf Zeit«, nicht mehr und nicht weniger als eine großzügige Besitzstandssicherung. Es sollte keine betriebsbedingten Kündigungen geben, und die Bedienung der Terminals mit anspruchsvolleren Aufgaben sollte den Schriftsetzern für einen zeitlich befristeten Übergang von immerhin acht Jahren vorbehalten bleiben. Damit hatte die Gewerkschaft zwar einen Rationalisierungsschutz erzielt, wie er in anderen Branchen nicht besser vereinbart worden war; aber das Besetzungsmonopol für Schriftsetzer hatte sie nicht aufrechterhalten können. Als Ausbildungsberuf gibt es den Schriftsetzer seither nicht mehr.

Für eine andere Form des Rationalisierungsschutzes setzte sich die IG Metall 1978 im Rahmen eines Lohnstreiks ein, der wiederum in Baden-Württemberg ausgetragen wurde und alle Eskalationsstufen bis zur Aussperrung durchlief. Das von den Tarifparteien vereinbarte System der analytischen Arbeitsbewertung stufte jeden Arbeitsplatz gemäß den Leistungs- und Qualifikationsanforderungen nach einem ausgeklügelten Punktesystem ein. Mit technisch-organisatorischen Rationalisierungen konnten die Arbeitgeber die Anforderungen und in der Konsequenz die Lohnkosten herabsetzen. Um die durch die Kombination von Lohnbewertungssystem und Rationalisierung sich ergebenden Risiken der Abgruppierung in der Lohnskala zu unterbinden, zielte die Tarifstrategie der IG Metall auf eine Besitzstandssicherung für die Arbeitnehmer. Im Ergebnis erreichte sie eine Abfederung rationalisierungsbedingter Abgruppierung durch eine zeitlich befristete Besitzstandssicherung (»weiche Landung«).

Auf lohnpolitischem Gebiet konnten die Gewerkschaften in diesem Jahrzehnt insgesamt mit einigen spektakulären Streiks in verschiedenen Wirtschaftszweigen bemerkenswerte Durchbrüche erzielen. Von zwei Wellen »wilder Streiks« in den Jahren 1969 und 1973, mit denen die »Basis« ihre Unzufriedenheit mit der offiziellen Tarifpolitik zum Ausdruck gebracht hatte, wurden die Gewerkschaften angespornt, die tarifpolitische Initiative zurückzugewinnen. Dies gelang ihnen mit einem guten Dutzend großer Arbeitskämpfe, teilweise mit Aussperrungen, während dieser Periode (siehe Übersicht 3).

Von politischer Brisanz war der dreitägige Streik von rund 200 000 öffentlichen Bediensteten von 1974, bei dem die Gewerkschaft unter dem ÖTV-Vorsitzenden Heinz Kluncker eine Lohnerhöhung von 11 Prozent und einen Sockelbetrag von 170 DM für die unteren Lohngruppen durchgesetzt hatte. Später hieß es, dieser Streik habe die Ablösung Willy Brandts als Kanzler besiegelt.

	Lohnforderungen	Andere Forderungen
1971	S: Lufthansa S: Chemische Industrie S/A: Metallindustrie (Baden-Württ.)	
1973		S: Metallindustrie (Baden-Württ.)
1974	S: Öffentlicher Dienst S: Bundespost S/A: Metallindustrie (Unterweser)	
1976	S/A: Druckindustrie	
1978	S: Seehäfen S/A: Metallindustrie (Baden-Württ.)	S/A: Druckindustrie S/A: Metallindustrie (Baden-Württ.)
1978/79		S/A: Eisen- und Stahlindustrie
1980	S: Bundespost	

Übersicht 3: Arbeitskämpfe 1971–1980 (S: Streik; A: Aussperrung)

Kampf um die 35-Stunden-Woche

Die 1980er Jahre, die beginnende Ära Helmut Kohls, waren durch eine Zunahme struktureller Arbeitslosigkeit und abnehmender Streikaktivitäten gekennzeichnet. Der einzige große Arbeitskampf ereignete sich 1984 als Doppel-Arbeitskampf der IG Metall und IG Druck und Papier um die Forderung nach der 35-Stunden-Woche.

Die IG Metall hatte diese Forderung mit einer sehr knappen Mehrheit und gegen den Willen des Vorstands auf ihrem Gewerkschaftstag 1977 beschlossen. Das Vorspiel dazu hatten die Eisen- und Stahlarbeiter im Winter 1978/79 mit einem sechswöchigen Arbeitskampf geliefert. Von der Bundesvereinigung der Arbeitgeberverbände unterstützt, hatten die aussperrenden Arbeitgeber die Abwehrfront eisern geschlossen gehalten. Ein Durchbruch in der Verkürzung der Wochenarbeitszeit gelang den Streikenden nicht. Sie erzielten stattdessen eine stufenweise Verlängerung des Jahresurlaubs auf sechs Wochen für alle Beschäftigten und zusätzliche Freischichten für besonders belastete (z.B. Nachtschichtler) und ältere Arbeitnehmer.

1983 beschloss der Gewerkschaftstag der IG Metall erneut die Forderung der 35-Stunden-Woche mit vollem Lohnausgleich. Diesmal fiel die Abstimmung eindeutiger aus. Ein wesentlicher Grund dürfte darin gelegen haben, dass bei einer Arbeitslosigkeit von mittlerweile über 2 Millionen die Arbeitszeitverkürzung als arbeitsmarktpolitisches Argument auch in der Öffentlichkeit Resonanz gefunden hatte. Schon im darauf folgenden Jahr entfachte diese Forderung einen ausgedehnten und folgenschweren Doppelarbeitskampf. Denn auch die IG Druck und Papier hatte sich für den Kampf um die 35-Stunden-Woche entschieden. Durch die Aussperrungen der Arbeitgeber wurde der Arbeitskampf, wenn nicht zum längsten, so doch – nach der Zahl der Beteiligten und der Ausfalltage – zum größten in der bisherigen Konfliktgeschichte der Bundesrepublik Deutschland.

Nach einem siebenwöchigen Arbeitskampf in der hessischen und baden-württembergischen Metallindustrie und 13 Wochen rollierender Streiks in der Druckindustrie gelang ein erster »Einstieg« in die 35-Stunden-Woche. Mit dem Schlichter Georg Leber, dem ehemaligen Gewerkschaftsführer und Verteidigungsminister, einigten sich die Tarifparteien in der Metallindustrie auf eine Verkürzung um 1,5 Stunden. In der Druckindustrie war ein Schlichtungsversuch von Kurt Biedenkopf gescheitert; erst nach dem Metallabschluss einigten sich die Tarifparteien auf das gleiche Ergebnis. Weitere Tarifvereinbarungen näherten sich schrittweise der 35-Stunden-Woche, die erst zehn Jahre später, 1995, in der westdeutschen Metall- und Druckindustrie tatsächlich erreicht wurde. Gewerkschaften in anderen Industriezweigen blieben mit Vereinbarungen über 37 oder 38,5 Wochenstunden auf halbem Weg zu diesem Ziel stecken.

Der Einstieg in die 35-Stunden-Woche war für die IG Metall ein Pyrrhussieg, da die Reduzierung mit der Flexibilisierung kombiniert wurde. Die Gewerkschaft musste akzeptieren, dass die Wochenarbeitszeit fortan flexibel verteilt werden konnte: 38,5 Stunden bezogen sich nur noch auf die durchschnittliche Wochenarbeitszeit innerhalb eines mehrwöchigen Ausgleichszeitraums für einen Korridor von 37 bis 40 Wochenstunden. Der »Leber-Kompromiss« war gewissermaßen die Geburtsstunde der Flexibilisierung der Arbeitszeit. Es gab danach kaum eine Vereinbarung über tarifliche Arbeitszeitverkürzung, die nicht zugleich Flexibilisierungsoptionen für die Betriebe enthielt. Schrittweise expandierten dabei auch die Ausgleichszeiträume und Korridore für die Flexibilisierung. Umfassten die Ausgleichszeiträume anfangs nur wenige Wochen, können sie mittlerweile bis zu drei Jahre umfassen. Die praktische Umsetzung machte die Einrichtung von individuellen Arbeitszeitkonten erforderlich, wie sie zahlreiche Tarifverträge vorschreiben. In manchen Tarifbereichen reichen sie bis zu Langzeit- oder Lebensarbeitskonten.

Tarifpolitik nach der Wiedervereinigung

Nach der Wiedervereinigung beschritt die Tarifpolitik den langen Weg zur Angleichung der ostdeutschen Lohn- und Arbeitszeitstandards an das Westniveau, ein Prozess, der in den ersten Jahren zügig, dann aber immer schleppender vonstattenging. Im Jahre 1993 setzten die ostdeutschen Metallarbeitgeber den geltenden Stufentarifvertrag zur Lohnangleichung rechtswidrig außer Kraft. Aber selbst der zweiwöchige Streik der IG Metall gegen diesen Tarifbruch konnte nicht verhindern, dass die Angleichung weiter gestreckt wurde.

Ein zweiwöchiger Streik der IG Metall zur Durchsetzung der 35-Stunden-Woche in der ostdeutschen Metallindustrie 2003 scheiterte ebenfalls. Die Arbeitszeit für ostdeutsche Metallarbeiter wurde auf 38 Wochenstunden festgeschrieben. In den anderen Wirtschaftszweigen Ostdeutschlands lag sie 2010 noch zwischen 38 und 40 Stunden.

Während die tariflichen Löhne und Gehälter sowie der Urlaubsanspruch im Osten in einem langen Zeitraum weitgehend an das Westniveau angeglichen werden konnten, besteht bei der Arbeitszeit und den sonstigen Vergütungen (Urlaubs- und Weihnachtsgeld) noch ein beträchtlicher Abstand. Im Durchschnitt der tariflichen Regelungen arbeiten ostdeutsche Arbeitnehmer – nach dem Stand vom 31.12.2010 – wöchentlich 1,3 Stunden länger als ihre westdeutschen Kollegen.[7] Eine Gleichstellung der Arbeits- und Lebensbedingungen lässt auch 20 Jahre nach der Vereinigung weiter auf sich warten.

Die nachlassenden Erfolge der Gewerkschaften in Ostdeutschland können auf die zunehmende Schwäche ihrer

Durchsetzungsmacht zurückgeführt werden, verursacht durch die Deindustrialisierung, die erhebliche Arbeitsplatzverluste und einen dramatischen Mitgliederschwund zur Folge hatte. Hinzu kam, dass die ostdeutschen Arbeitgeber sich in zunehmendem Maße dagegen sperrten, tarifgebundenen Arbeitgeberverbänden beizutreten.

Ein folgenreiches Ergebnis des Streiks von 1993 gegen den Tarifbruch war die Einführung von Härtefallklauseln für wirtschaftlich gefährdete Betriebe. Sie bedeuteten, dass unter spezifizierten Bedingungen Tarifverträge für Abweichungen von den vereinbarten Standards geöffnet und gesonderte betriebliche Regelungen vereinbart werden konnten. War das Ergebnis des Tarifkampfes 1984 die Geburtsstunde der Flexibilisierung tarifvertraglicher Regelungen, dann war die Vereinbarung von 1993 entsprechend die der Öffnungsklauseln, die nach und nach auch in Westdeutschland verstärkt genutzt wurden.

Die Öffnung des Tarifvertrags für die Abweichung von Tarifstandards ist an bestimmte Verfahren gebunden, bei denen die Tarifparteien in unterschiedlichem Ausmaß beteiligt werden. Zu unterscheiden sind: (a) sog. Härtefallklauseln (Abweichung kann bei definierten wirtschaftlichen Härtefällen erfolgen), (b) Öffnungsklauseln mit Zustimmungsvorbehalt der Tarifparteien, (c) Öffnungsklauseln ohne Zustimmungsvorbehalt und (d) Kleinbetriebsklauseln für Betriebe mit 10 bis 50 Beschäftigten.

Die Instrumente der Flexibilisierung und der tariflichen Öffnungsklauseln zählen seit der Jahrhundertwende zu regulären Bestandteilen der Tarifpraxis in beiden Teilen Deutschlands. Sie haben die Spielräume für die Bildung betrieblicher ›Bündnisse für Arbeit‹ geschaffen.

Mit den Zielen der Beschäftigungssicherung und der Verbesserung der Wettbewerbsfähigkeit (Standortsicherung) können die Betriebsparteien – teils mit, teils ohne Zustimmung der Tarifparteien – nicht nur bei den arbeitszeitlichen, sondern auch bei den entgeltbezogenen Komponenten Tarifabweichungen auf betrieblicher Ebene vereinbaren.

Die IG Metall hat mit dem 2004 abgeschlossenen, unter dem Namen »Pforzheimer Abkommen« bekanntgewordenen Tarifvertrag einen Rahmen für die ›Verbetrieblichung‹ der Tarifpolitik geschaffen. Er postuliert als Ziel, »am Standort Deutschland bestehende Arbeitsplätze zu sichern und neue Arbeitsplätze zu schaffen« durch »Verbesserung der Wettbewerbsfähigkeit, der Innovationsfähigkeit und der Investitionsbedingungen«. Mit diesem Abkommen will die IG Metall die vorher häufig lokal und unkontrolliert verlaufende Abweichungspraxis, den ›Wildwuchs‹, beenden, indem es das Anwendungsfeld für betriebliche Abweichungen breit definiert: »z. B. Kürzung von Sonderzahlungen, Stundung von Ansprüchen, Erhöhung oder Absenkung der Arbeitszeit mit oder ohne vollen Lohnausgleich«. Es lässt den Betriebsparteien den Vortritt. Diese sollen prüfen, ob die Maßnahmen im Rahmen der geltenden Tarifverträge ausgeschöpft sind, um Beschäftigung zu sichern und zu fördern. »Ist es unter Abwägung der sozialen und wirtschaftlichen Folgen erforderlich, durch abweichende Tarifregelung eine nachhaltige Verbesserung der Beschäftigungsentwicklung zu sichern, so werden die Tarifvertragsparteien nach gemeinsamer Prüfung mit den Betriebsparteien ergänzende Tarifregelungen (betriebliche Ergänzungstarifverträge) vereinbaren oder es wird einvernehmlich befristet von tariflichen Mindeststandards abgewichen.«

Zwei Jahre nach dem Abschluss dieses Rahmenabkommens, das den Flexibilitätsforderungen der Arbeitgeber in bis dato beispielloser Weise entgegenkam, hatten rund 20 Prozent der tarifgebundenen Metallfirmen die Möglichkeit zur Abweichung von branchenbezogenen Tarifstandards in Anspruch genommen. Auf diese Erfahrungen Bezug nehmend, konnte selbst der Präsident des Arbeitgeberverbandes Gesamtmetall Martin Kannegießer nicht umhin, den Flächentarifvertrag als ein »Modell für die Zukunft« zu bezeichnen.[8] Auch in anderen Wirtschaftszweigen machten die Gewerkschaften in ihrer Tarifpolitik weitreichende Zugeständnisse an die Flexibilitätsbedürfnisse der Betriebe. Von einer starren Tarifpolitik mit großflächigen Einheitslösungen kann seit vielen Jahren keine Rede mehr sein.

Erfolgsbilanz mit Kehrseite

Lassen wir die vergangenen sechzig Jahre Tarifpolitik Revue passieren, dann ergibt sich eine beachtliche Erfolgsbilanz.

Die Wochenarbeitszeit wurde von 48 Stunden (1950) auf 40 Stunden (1975) und später in einigen Wirtschaftszweigen auf 35 Stunden verkürzt. Anders als bei der 40-Stunden-Woche, die schließlich in allen Wirtschaftszweigen galt, blieb die 35-Stunden-Woche auf einige Wirtschaftszweige beschränkt. Anders als die IG Metall und die IG Druck und Papier konnten andere Gewerkschaften in ihren Branchen nur Teiletappen auf dem Weg zu diesem Ziel durchsetzen.

Die Verlängerung des Jahresurlaubs zählt gleichfalls zu

den tarifpolitischen Erfolgen. Aus den 2 Wochen bezahlter Ferien in den 1950er Jahren sind zunächst schrittweise und dann, mit dem Durchbruch in der Eisen- und Stahlindustrie 1979, beschleunigt in fast allen Wirtschaftszweigen 6 Wochen bezahlter Urlaub zur Norm geworden. Überdies steht den meisten Arbeitnehmern ein zusätzliches Urlaubsgeld zwischen 400 und 2000 Euro zu.

Die Entgeltpolitik der Gewerkschaften war langfristig gleichfalls von Erfolg gekrönt. Die tariflichen Löhne und Gehälter sind real (gemessen an der Kaufkraft) von 1950 bis 1990 um mehr als das Dreifache gestiegen. Seither sind die Realeinkommen nur noch langsam gestiegen, bedingt durch die wirtschaftlichen Probleme der Vereinigung und der anhaltend hohen Arbeitslosigkeit. In den Boomjahren 2004 bis 2008 sind die Reallöhne sogar gesunken – »eine Entwicklung«, die es nach Ansicht des Deutschen Instituts für Wirtschaftsforschung »in diesem Ausmaß nie zuvor in der Bundesrepublik gegeben hat«.[9]

Auf dem Gebiet der qualitativen Tarifpolitik gehören zu den Erfolgen die Angleichung der Statusgruppen von Arbeitern und Angestellten, beginnend mit dem Tarifvertrag zur Lohnfortzahlung im Krankheitsfall (1957) bis zu den gemeinsamen Entgelttarifverträgen der jüngeren Zeit, sowie die aktive Förderung der Weiterbildung, die für viele Wirtschaftszweige tarifvertraglich geregelt wurde.

In den Genuss der tarifpolitischen Erfolge kamen nicht alle Arbeitnehmer. Hatten schon Flexibilisierung und Öffnungsklauseln viele Ausnahmen von den üblichen Tarifstandards (sprich: Unterschreitungen) ermöglicht, dann fielen wachsende Gruppen völlig aus den tarifvertraglichen Regelungsbereichen.

Tarifbindung (Flächen- u. Firmentarif-verträge)	1998	2009
in % der Beschäftigten Westdeutschlands	76	65
Ostdeutschlands	63	51
in % der Betriebe Westdeutschlands	53	36
Ostdeutschlands	33	19

Tabelle 3: Tarifvertragliche Deckungsrate, 1998–2009
Quelle: IAB-Betriebspanel

Die deutliche Abnahme des tarifvertraglichen Schutzes, wie sie Tabelle 3 innerhalb eines Jahrzehnts dokumentiert, wird teilweise dadurch relativiert, dass nach der Befragung des IAB-Betriebspanels der Tarifvertrag über seine formalen Geltungsbereiche hinaus wirksam ist: Von den nicht-tarifgebundenen Unternehmen orientiert sich ein erheblicher Anteil (40 % der Betriebe mit 50 % der Beschäftigten) noch am Flächentarifvertrag. Überdies schützt ein Tarifvertrag nicht unbedingt vor Billiglöhnen, wie sie etwa im ostdeutschen Friseur- und Bewachungsgewerbe vereinbart wurden.

Ein ernsthaftes Problem ist die Ausweitung des Niedriglohnsektors. Arbeitsmarktforscher sprechen von einer Zunahme prekärer Arbeitsverhältnisse. Sie sind eine Teilmenge der größeren Klasse atypischer Beschäftigung. Zu dieser zählen: befristete Arbeit, Teilzeitarbeit, Leiharbeit, geringfügige Beschäftigung (Mini-, Midijobs). Die Zahl der untypisch Beschäftigten ist in den letzten zehn Jahren von 5,3 Millionen (1998) auf 7,7 Millionen (2008) gestiegen; hinzu kommen 2,1 Millionen Solo-Selbständige. Ihr Anteil liegt bei fast 30 Prozent aller Erwerbstätigen; bei den Frauen beträgt er indes über 40 Prozent.[10]

Atypische Beschäftigungsverhältnisse sind nicht per se prekäre; auch gutdotierte und hochqualifizierte Tätigkeiten etwa von Wissensarbeitern können darunterfallen. Befristete Arbeitsverträge sind beispielsweise sowohl bei den unteren als auch bei den höchsten Beschäftigungskategorien verbreitet.[11] Zu prekären werden atypische Beschäftigungen erst, wenn folgende Merkmale hinzukommen:

- geringes (weit unterdurchschnittliches) Einkommen (unter 2000 €);
- wechselnde und zeitlich befristete Anstellungsverträge;
- unfreiwillig geringe Arbeitszeit;
- ungesicherte Zukunftsvorsorge.

Die mittlerweile auch als »Prekariat« bezeichnete Erwerbsgruppe wird auf 14 Prozent der Erwerbstätigen geschätzt.[12] Beunruhigend an diesem wachsenden Segment unsicherer Beschäftigungs- und Lebensverhältnisse ist, dass es sich dabei keineswegs um ein Phänomen am Rande der Arbeitsgesellschaft handelt, sondern durch seine Expansion auch die Mittelklasse reicher Gesellschaften verunsichert und um ihren Arbeitsplatz und ihre Rente fürchten lässt.

Der sich ausdehnende Niedriglohnsektor hat die Gewerkschaften seit einigen Jahren dazu bewogen, einen gesetzlichen Mindestlohn zu fordern. Darin bekundet sich ein Meinungsumschwung; denn zuvor hatten sie einen Mindestlohn mit der Begründung abgelehnt, dass dies tarifpolitisch geregelt werden müsse. Doch mit dem Rückgang der tarifvertraglichen Deckungsrate (siehe Tabelle 3) mussten sie die eigene Schwäche eingestehen, durch Tarifverträge allen Arbeitnehmern ein auskömmliches Entgelt zu sichern. Der Mindestlohn kann in verschiedenen Varianten beschlossen werden. Als allgemeiner gesetzlicher Mindestlohn ist er in Ländern wie USA, Frankreich und Großbritannien üblich, bereits 20 von 27 EU-Staaten haben den gesetzlichen Mindestlohn eingeführt, der teils als Bruttostundenlohn, teils als Bruttomonatsgehalt ausgezahlt wird.[13] In Deutschland und einigen wenigen anderen europäischen Ländern gibt es einen Branchenmindestlohn, den die Gewerkschaften mit den Arbeitgebern zunächst tarifvertraglich vereinbaren und der dann für die gesamte Branche gilt. In Deutschland bedarf es dazu einer Allgemeinverbindlichkeitserklärung, die der Arbeitsminister auf Antrag der Tarifparteien aussprechen kann. Im Februar 2011 galten in Deutschland Mindestlöhne in drei Baubranchen (Bauhauptgewerbe, Maler- und Lackierergewerbe, Elektrohandwerk), für die Abfallwirtschaft, Briefdienstleister, Gebäudereinigung, die Pflegebranche sowie bei Wäschereidienstleistungen. Für andere Branchen sind Mindestlöhne vereinbart worden, aber noch nicht als allgemeinverbindlich erklärt worden. Die branchenspezifischen Mindestlöhne liegen zwischen 6,50 Euro (Wäschereidienstleistungen in den neuen Ländern und Berlin) und 12,95 Euro pro Stunde (Baugewerbe im früheren Bundesgebiet).[14] Der DGB fordert einen allgemeinen gesetzlichen Mindestlohn von 8,50 Euro.

7 Die Gewerkschaften als wirtschaftspolitische Akteure

Der wirtschaftliche Wiederaufbau in der Bundesrepublik hatte für mindestens 15 Jahre ganz im Zeichen der wirtschaftspolitischen Doktrin von der Sozialen Marktwirtschaft gestanden. Mit dieser Doktrin konnte der damalige Wirtschaftsminister Ludwig Erhard durch die Freigabe des Waren- und Geldverkehrs sowie mit großzügiger steuerlicher Förderung der unternehmerischen Eigenfinanzierung aus Gewinnen und Abschreibungen die Wirtschaft ankurbeln. Freilich fand er dafür günstige ökonomische Rekonstruktionsbedingungen vor: so ein hoher, während des Krieges gewachsener und durch den Bombenkrieg nur geringfügig zerstörter Kapitalstock der deutschen Industrie, ein Überangebot an qualifizierten Arbeitskräften sowie die Marshallplan-Hilfe. Schließlich entfachte der Koreakrieg ab 1950 eine expandierende weltweite Nachfrage nach strategischen Gütern, welche die westdeutsche Wirtschaft in einen Boom beförderte und ihre Exportabhängigkeit begründete.

Der langen Prosperitätsphase nach dem Zweiten Weltkrieg war auch der Ausbau des Sozial- und Wohlfahrtsstaates, finanziert durch hohe Wachstumsraten, zu danken. Diese trugen zum sukzessiven Abbau der Nachkriegs-Arbeitslosigkeit bei. In der Bundesrepublik unterschritt die Arbeitslosigkeit bereits 1955 »die bis dahin als Grenze zur Vollbeschäftigung angesehene 5-Prozent-Marke«;[1] zwischen 1960 und 1973 lag sie – mit Ausnahme des Rezessionsjahres 1967 – deutlich unter zwei Prozent, in den meis-

ten Jahren sogar unter einem Prozent. Die Wirtschaftspolitik Ludwig Erhards hatte eine extrem ungleiche
Einkommensverteilung und fortschreitende Kapitalkon-
zentration zur Folge. Das sog. Krelle-Gutachten 1968
enthielt die vielzitierte Aussage, dass 1,7 Prozent der Haushalte 70 Prozent des Produktionsvermögens besitzen.[2] Diese ungleiche Verteilung fiel aber für die Wahlentscheidun-
gen der Massen der abhängig Beschäftigten offensichtlich
weniger in die Waagschale als der bescheidene »Wohlstand
für alle«, die Vollbeschäftigung und die Alterssicherung
durch dynamisierte Renten.

Große Koalition (1966–69)

Erst mit dem Auftreten wirtschaftlicher Schwierigkeiten,
die auf Veränderungen in den langfristigen Wachstumsbe-
dingungen hindeuteten, gingen der CDU und ihrem Wirtschaftsminister Erhard, der gerade in der Zeit des sich abzeichnenden Umbruchs zum Kanzler aufgestiegen war
(1963–66), die breite Unterstützung der Wähler verloren.
Dem Wirtschaftshistoriker Werner Abelshauser zufolge
bedeutete dies für die Bundesrepublik wirtschaftlich das
»Ende der Nachkriegszeit«.[3] Sie bereitete den Boden für den
Eintritt der Sozialdemokraten in die Regierung. Zunächst
bildeten sie als Juniorpartner mit der CDU/CSU eine große
Koalition (1966–69), der später sozialliberale Koalitionen
mit der FDP folgten (1969–82).

Bemerkenswert war der wirtschaftspolitische Kurs-
wechsel, den der sozialdemokratische Wirtschaftsminister Karl Schiller herbeiführen sollte. Schillers »neue
Wirtschaftspolitik« war dem Keynesianismus verpflich-

tet. Die nach dem britischen Nationalökonomen John Maynard Keynes (1883–1946) benannte wirtschaftspolitische Konzeption sieht vor, dass der Staat den durch unzureichende Nachfrage und sinkende Investitionsneigung entstehenden wirtschaftlichen Stagnations- und Krisenerscheinungen durch zusätzliche, vornehmlich kreditfinanzierte Nachfrage und andere konjunkturstimulierende Maßnahmen entgegenwirken müsse.

Die schillersche Wirtschaftpolitik implizierte, dass der Staat nicht nur für die Wirtschaftsordnung, sondern auch für den Wirtschaftsablauf Verantwortung zu übernehmen hatte. Die Verknüpfung von Ordnungspolitik (im Sinne des Ordoliberalismus der Freiburger Schule) und Prozesspolitik bezeichnete Schiller als »Synthese von Freiburger Imperativ und Keynesianischer Botschaft«.[4] Sie stellte auch das Verhältnis zwischen Staat und Gewerkschaften auf eine neue Basis. Hatte der Ordoliberale Erhard in den Gewerkschaften kaum mehr als den geballten Ausdruck von Gruppenegoismen gesehen, so wies ihnen der Keynesianer Schiller nunmehr eine wichtige politische Rolle im Prozess der wirtschaftspolitischen Makrosteuerung zu.

Mit dem 1967 verabschiedeten »Gesetz zur Förderung der Stabilität und des Wachstums der Wirtschaft« (Stabilitätsgesetz) schuf sich die neue Regierung die Grundlage für die Steuerung des gesamtwirtschaftlichen Kreislaufs. Im § 1 werden die Ziele der staatlichen Wirtschaftspolitik wie folgt formuliert:

Bund und Länder haben bei ihren wirtschafts- und finanzpolitischen Maßnahmen die Erfordernisse des gesamtwirtschaftlichen Gleichgewichts zu beachten. Die

Maßnahmen sind so zu treffen, dass sie im Rahmen der marktwirtschaftlichen Ordnung gleichzeitig zur Stabilität des Preisniveaus, zu einem hohen Beschäftigungsstand und außenwirtschaftlichen Gleichgewicht bei stetigem und angemessenem Wirtschaftswachstum beitragen.

Das gesamtwirtschaftliche Gleichgewicht wird hier gleichgesetzt mit der Erfüllung des sog. »magischen Vierecks«: Preisniveaustabilität, Vollbeschäftigung, Wirtschaftswachstum und ausgeglichene Zahlungsbilanz.

Die in den 1960er und 1970er Jahren vorherrschende Vollbeschäftigung, häufig herbeigeführt durch eine expansive Geld- und Fiskalpolitik des Staates, hatte verteilungspolitische Konsequenzen. Die abhängig Beschäftigten und ihre Gewerkschaften konnten aufgrund der für sie günstigen Arbeitsmarktbedingungen höhere Löhne durchsetzen als in Zeiten hoher Arbeitslosigkeit. Die Unternehmer ihrerseits nutzten alle Preiserhöhungsspielräume aus, um die steigenden Lohnkosten abzuwälzen und ihre Gewinnmargen zu verteidigen. Die Gewerkschaften nahmen die Preissteigerungen erneut zum Anlass für Lohnforderungen. Infolge dieser Verteilungskämpfe beschleunigte sich die inflationäre Spirale. Die von Regierungen zur Bekämpfung der Inflation ergriffenen geld- und fiskalpolitischen Maßnahmen (Beschränkung der Geldmenge, Verteuerung der Kredite, Kürzung der Staatsausgaben etc.) zeitigten häufig, als negative Begleiterscheinung, einen Rückgang der wirtschaftlichen Aktivitäten. Trat eine Rezession ein, musste diese wiederum mit Hilfe expansiver Geld- und Fiskalpolitik bekämpft werden. Die Wirtschaftspolitik vieler Länder (besonders ausgeprägt die Großbritanniens) erhielt damit den Charakter einer zyklischen »Stop and go«-Politik mit entsprechenden Wachstumsverlusten. Es waren diese Erfahrungen, die viele westliche Regierungen veranlassten, die keynesianische Globalsteuerung durch das stabilitätspolitische Instrument der Einkommenspolitik zu ergänzen.

Die in der Praxis erprobten Formen der Einkommenspolitik lassen sich auf drei Varianten zurückführen: indikative, imperative und kooperative Einkommenspolitik.[5] Die *indikative* Einkommenspolitik sucht durch Information, Orientierungsdaten und zwangfreie (»persuasive«) Einflussnahme auf das Verbandshandeln – bei unangetasteter Tarifautonomie – Preisstabilität zu erreichen. Die imperative Einkommenspolitik greift in die Handlungsfreiheit der Tarifparteien und unter Umständen auch in die Preisautonomie der Unternehmen ein; entweder schreibt der Staat Lohn- und Preisniveau verbindlich vor, oder er behält sich die Genehmigung lohn- und preispolitischer Entscheidungen vor. Die kooperative Einkommenspolitik schließlich ist eine Erweiterung der ersten Variante, ein Konsensverfahren, bei dem die Tarifparteien in die Fixierung von Leitlinien (»*guidelines*«) bzw. Orientierungsdaten für Lohnsteigerungen (evtl. auch für Preiserhöhungen) einbezogen werden. In seinem Kern ist es ein Verfahren der Verhaltensabstimmung am »Tisch der kollektiven Vernunft« (so apostrophierte es seinerzeit der sozialdemokratische Wirtschaftsminister Karl Schiller).

Konzertierte Aktion

Die zuletzt genannte Variante der Einkommenspolitik fand in der Bundesrepublik in den Jahren 1967 bis 1977 ihren institutionellen Niederschlag in Form der Konzertierten Aktion. Schon im zweiten Jahresgutachten des 1964 eingesetzten »Sachverständigenrates zur Begutachtung der gesamtwirtschaftlichen Entwicklung« war erstmals 1965 von einer »Konzertierten Stabilisierungsaktion« die Rede. Empfohlen wurde, die inflationären Tendenzen im Preis- und Lohnsektor durch Abstimmung der Verhaltensweisen aller wirtschaftspolitisch Verantwortlichen – der staatlichen Instanzen und der autonomen Gruppen – zu bekämpfen. Der damalige Bundeskanzler (und frühere Wirtschaftsminister) Erhard lehnte als orthodoxer Verfechter der liberalen Marktwirtschaft derartige Regulierungs- und Steuerungsinitiativen ab. Erst nachdem durch die Bildung der großen Koalition zwischen CDU/CSU und SPD Ende 1966 unter der Kanzlerschaft Kurt Kiesingers der Sozialdemokrat Karl Schiller Wirtschaftsminister geworden war, fand dieser Vorschlag ein offenes Ohr.

Bereits im Februar 1967 trat die Konzertierte Aktion zu ihrer konstituierenden Sitzung zusammen; Mitte 1967 wurde sie im Stabilitäts- und Wachstumsgesetz (§ 3) als wirtschaftspolitisches Instrument gesetzlich festgeschrieben. Die ihr angehörenden Gebietskörperschaften, Gewerkschaften und Unternehmerverbände sollten bei Gefährdung eines der im § 1 festgelegten Ziele – Stabilität des Preisniveaus, hoher Beschäftigungsstand, außenwirtschaftliches Gleichgewicht, stetiges und angemessenes Wirtschaftswachstum – durch Orientierungsdaten zu ei-

nem gleichzeitig aufeinander abgestimmten Verhalten an-
gehalten werden.

Das Ziel der stabilitätsorientierten Lohnpolitik wurde
zumindest in der ersten Phase (1967–69), als es um die
Überwindung der Rezession ging, realisiert. Es gibt auch
wenig Anhaltspunkte dafür, dass die praktizierte Tarifpolitik, die sich dem Ziel der Krisenbewältigung und Wiedergewinnung der Vollbeschäftigung unterordnete, im Wider-
spruch zu den artikulierten Mitgliederinteressen stand.
Dies erklärt, warum den Gewerkschaftsführungen offensichtlich die vom sozialdemokratischen Wirtschaftsminister gegebenen Absichtserklärungen und ergriffenen Maßnahmen zur Wiedergewinnung der Vollbeschäftigung aus-
reichten, um zu einer äußerst zurückhaltenden Lohnpolitik
überzugehen, die in der defensiven Formel »keine negative
Lohnpolitik« ihre Untergrenze fand.

Im September 1969 kam es, bedingt durch die enge und
lange Bindung der Tarifeinkommen an die ausgegebenen
Orientierungsdaten, bei gleichzeitiger Gewinnexplosion,
zu einer für die Streikgeschichte der Bundesrepublik völlig
ungewohnten Welle »wilder Streiks«, in der sich die Unzufriedenheit der Arbeitnehmer mit der sich öffnenden Sche-
re zwischen Lohn- und Gewinnentwicklung Bahn brach.

Die Initialzündung für die Septemberstreiks war die –
nach der offiziellen Sprachregelung der Gewerkschaften –
›spontane‹ Arbeitsniederlegung der Stahlwerker in den
Dortmunder Hoeschwerken am 2. September. Sie forderten eine lineare Erhöhung der Stundenlöhne um 20 Pfennig. Nachdem die Werkleitung 15 Pfennig geboten hatte,
erhöhten die Streikenden ihre Forderung auf 30 Pfennig. Nachdem sich weitere Teilwerke dem Ausstand an-

geschlossen hatten, streikten binnen kurzem insgesamt 24 000 Hoescharbeiter. Am 3. September gab die Unternehmensleitung den Forderungen der inoffiziell Streikenden nach und gewährte die geforderte Erhöhung von 30 Pfennig pro Stunde.

Nach dem Erfolg der Hoescharbeiter legten sukzessive weitere Belegschaften ohne Zustimmung der Gewerkschaften die Arbeit nieder. Schwerpunkte waren die Stahlindustrie und der Kohlenbergbau, daneben Werften, öffentlicher Dienst und Textilindustrie. Die Streikwelle zog sich über eine Zeitdauer von 18 Tagen hin und umfasste insgesamt 140 000 Streikende mit 230 000 Ausfalltagen.[6]

Die Streikenden forderten Lohnerhöhungen, häufig in linearen Festbeträgen, außerhalb der offiziellen Tarifpolitik. Die schnelle Erholung von der Rezession hatte zu erheblichen Gewinnerhöhungen mit einem konjunkturellen Lohnrückstand geführt, der durch die stabilitätskonformen moderaten Tarifabschlüsse mit langen Laufzeiten verursacht worden war. Mit ihren eigenmächtigen Aktionen lösten die Streikenden gewissermaßen das politische Versprechen der »sozialen Symmetrie« ein. Da sie in einer Zeit des heißen Wahlkampfes stattfanden, hielten die Politiker sich zurück und zeigten teilweise Verständnis.

Obwohl die Initiierung, Führung und Beendigung der Streiks in der Regel in den Händen der gewerkschaftlich organisierten Betriebsräte und Vertrauensleute lagen, überraschten sie die gewerkschaftlichen Führungen. Die darin manifest werdende Kritik der Mitglieder an der Legitimität und Effektivität gewerkschaftlicher Interessenvertretung veranlasste die Gewerkschaften, vorgezogene Tarifverhandlungen und Überbrückungszahlungen bis zum Ablauf der tarifvertraglichen Fristen zu fordern. Nachdem in den Tarifverhandlungen der Jahre 1970/71 erhebliche Lohnsteigerungen erzielt worden waren, ließen sich die Gewerkschaften danach abermals auf einen Stabilitätsbeitrag zur Bekämpfung des Preisauftriebes ein. Als sich jedoch bald nach den Tarifabschlüssen 1972/73 abzeichnete, dass der Kaufkraftverlust höher ausfallen würde, als er bei den Lohnabschlüssen veranschlagt worden war, trugen mehrere Wellen wilder Streiks während des Jahres 1973 dazu bei, dass die maßvollen Lohnabschlüsse abermals eigenmächtig durch Massen unzufriedener Arbeitnehmer nach oben korrigiert wurden. Danach ergriffen die Gewerkschaften die lohnpolitische Offensive (siehe Kapitel 6).

Reform- und Modernisierungsprojekte

Die ersten Legislaturperioden (1969–76) der sozialliberalen Koalition von SPD und FDP gingen als eine Periode der politischen und wirtschaftlichen Reformen in die Zeitgeschichtsschreibung der Bundesrepublik ein. Zwar hatte schon die große Koalition in einzelnen Bereichen (z. B. der Wirtschafts- und Finanzpolitik) Reformen vorgenommen, aber erst mit der Kanzlerschaft Willy Brandts wurden nicht nur sein zentrales Stichwort »Mehr Demokratie wagen«, sondern auch die Begriffe Reform, Innovation, Modernisierung zu programmatischen Leitideen. Von der Bildungs- und Forschungspolitik über Sozialrecht und Familienpolitik bis zur Struktur- und Raumordnung reichten die Reformprojekte. Nicht zu vergessen: auch eine neue Ostpolitik stand auf der Reformagenda. Für die Gewerkschaften waren das im Rahmen der Technologiepolitik aufgelegte Programm zur Humanisierung der Arbeit und vornehmlich der Ausbau der Mitbestimmungsrechte von Bedeutung. Brandt hatte ihnen in der Regierungserklärung vom 18. Januar 1973 zugesichert: »Mitbestimmung gehört zur Substanz des Demokratisierungsprozesses unserer Gesellschaft. In ihr erkennen wir die geschichtliche Voraussetzung für jene Reformen, die in ihrer Summe den freiheitlichen Sozialstaat möglich machen.«[7]

In dieser Periode wurden jene Strukturen und Institutionen geschaffen und, sofern bereits vorhanden, gestärkt, die die Soziale Marktwirtschaft zu dem sozialstaatlichen Gebilde machten, das ihr den Namen ›Rheinischer Kapitalismus‹ eintrug. Der französische Wirtschaftswissenschaftler Michel Albert hat diesen Namen retrospektiv in den 1990er Jahren geprägt. In einem späteren Interview äußerte er sich wie folgt:

»Deutschland hat nach dem Krieg gezeigt, dass Kapitalismus, Massenwohlstand und ein friedlicher Interessenausgleich zwischen Kapital und Arbeit möglich ist. Das hat mich wie viele andere in Frankreich sehr beeindruckt. Die soziale Marktwirtschaft ist ein deutscher Exportartikel.«[8]

Für die Gewerkschaften war die Übernahme der Führungsrolle in der Regierungskoalition durch die SPD im September 1969 ein einschneidendes innenpolitisches Ereignis. Sie setzten nun ihre Hoffnung auf die politisch-parlamentarische Durchsetzung ihrer Zielvorstellungen. Gewerkschaftsführer wurden ministrabel. Bereits unter der großen Koalition war Georg Leber, langjähriger Vorsitzender der IG Bau-Steine-Erden, Verkehrsminister geworden; im ersten Kabinett Brandt wurde er Verteidigungsminister, und der Vorsitzende der Bergarbeitergewerkschaft,

Walter Arendt, wurde Arbeits- und Sozialminister. Unter dem Kanzler Helmut Schmidt wurde der Vorsitzende der Postgewerkschaft, Kurt Gescheidle, Minister für Verkehr, Post- und Fernmeldewesen und Hans Matthöfer von der IG Metall Minister für Forschung und Technologie, verantwortlich für das ambitionierte Regierungsprogramm »Humanisierung der Arbeit«, mit dem die Bundesregierung ab 1974 zahlreiche Betriebsprojekte zur Erprobung neuer, »humanerer« Formen der Arbeitsorganisation förderte.

Mit Heinz Oskar Vetter als Vorsitzendem des DGB, Otto Brenner (Vorsitzender der IG Metall) und Heinz Klunker (Vorsitzender der Gewerkschaft Öffentliche Dienste, Transport und Verkehr) standen der Regierung erfahrene und selbstbewusste Gewerkschafter als Partner zur Seite, die die gewerkschaftliche Beteiligung an der Konzertierten Aktion gegenüber einer starken innerverbandlichen Opposition verteidigten.

Zu den für die Gewerkschaften wichtigsten Reformvorhaben gehörten die Novellierung des Betriebsverfassungsgesetzes von 1972 und das Mitbestimmungsgesetz von 1976.

Novellierung des Betriebsverfassungsgesetzes

Das novellierte Betriebsverfassungsgesetz sah erstmals die gesetzliche Verankerung der Rechte der einzelnen Arbeitnehmer im Betrieb und am Arbeitsplatz vor, erweiterte wesentlich die Mitbestimmungsrechte des Betriebsrats und bahnte den Gewerkschaften einen weitgehend ungehinderten Betriebszugang (zur inhaltlichen Materie s. Kap. 4).

Die parlamentarische Debatte über das Betriebsverfassungsgesetz verlief hoch kontrovers. Mit Rücksicht auf ihren Koalitionspartner hatte sich die SPD mit der FDP darauf verständigt, Betriebsverfassung und Unternehmensmitbestimmung in zwei Schritten zu regeln. Während also die Regierungsfraktionen zunächst für die Betriebsverfassung einen gesonderten Gesetzentwurf vorlegten, brachte die oppositionelle CDU/CSU-Fraktion einen eigenen Gesetzentwurf ein, der die Mitbestimmung in Betrieb und Unternehmen in einem gemeinsamen Gesetz regeln sollte.

Der Arbeitsminister Walter Arendt hob in der Debatte hervor, dass der »die Betriebe demokratisierende und die Arbeit humanisierende« Gesetzesentwurf den »gewandelten betrieblichen, wirtschaftlichen und gesellschaftlichen Wirklichkeiten« Rechnung tragen und die Betriebsstruktur dem mit den wachsenden Anforderungen »gestiegene[n] Selbstbewusstsein« der Arbeitnehmer angepasst werden müsse.[9] Die Gesetzespraxis während der vergangenen 18 Jahre seit der Verabschiedung des Betriebsverfassungsgesetzes 1952 ging auch in der Weise in den Gesetzesvorschlag ein, dass nicht wenige der erweiterten Mitwirkungs- und Mitbestimmungsrechte bereits zu dieser Zeit von den Betriebsräten in Großbetrieben faktisch wahrgenommen wurden. Kritische Beobachter sahen daher in diesem Gesetz gewissermaßen eine Ratifizierung und Verallgemeinerung herrschender Praxis.

Eine große Rolle in der parlamentarischen Debatte spielte die Unternehmensmitbestimmung, für die freilich nur der Gesetzesvorschlag der oppositionellen CDU/CSU-Fraktion Regelungen enthielt. Dieser sah eine Beteiligung nach dem Schlüssel 7:5 vor (sieben Vertreter der Anteilseigner und fünf Arbeitnehmervertreter bei einem zwölfköpfigen Aufsichtsrat). Zwar blieben danach die Arbeitnehmer weiterhin unterparitätisch vertreten, kamen aber dem Ziel der vollen Parität, wie von SPD und Gewerkschaften gefordert, näher als die von der Regierungskoalition vorgesehene Weitergeltung der §§ 76 und 77 des alten Betriebsverfassungsgesetzes, die nur eine Drittelbeteiligung im Aufsichtsrat von Kapitalgesellschaften ab 500 Beschäftigten vorsah. Ein Abgeordneter der FDP erklärte in der Debatte offen, dass die Regierungsfraktionen »die Fragen der Unternehmensmitbestimmung in dieser Legislaturperiode diskutieren und versuchen werden, zu anderen Lösungen zu kommen«.[10] Mit der Formulierung »andere Lösungen« meinte der Abgeordnete andere als die von der SPD in der Parlamentsdebatte sowohl vom Arbeitsminister Arendt als auch von verschiedenen Abgeordneten geforderte paritätische und die von der CDU/CSU vorgeschlagene unterparitätische Besetzung des Aufsichtsrates.

Nach der mehrstündigen ersten Lesung im Bundestag erfolgte eine Überweisung an den Ausschuss für Arbeit und Sozialordnung, der in dreivierteljährigen Beratungen mehrere Änderungsanträge der Opposition in den Regierungsentwurf einfügte. Gleichwohl zeigte die abschließende Debatte am 10. November 1971 (2. und 3. Lesung) vor der parlamentarischen Verabschiedung des Gesetzes, dass die Reformvorstellungen von Koalition und Opposition nicht zu einem Konsens fanden. Von Regierungsseite sah Arbeitsminister Arendt in dem Gesetz ein »bedeutsames Teilstück des Reformprogramms dieser Bundesregierung«.[11] Für die Opposition fasste ihr Fraktionssprecher Rainer Barzel die Gründe für die Ablehnung in sieben Punkten zusammen, darunter die Regelungen zu den leitenden Angestellten, der Einigungsstelle, dem Minderheitenschutz und den Arbeitsgruppensprechern.

In der namentlichen Abstimmung wurde der Regierungsentwurf mit 242 gegen 212 Stimmen angenommen. Während die SPD geschlossen dafür stimmte, stimmten zwei Abgeordnete der FDP dagegen, von der CDU/CSU-Fraktion stimmten 21 Abgeordnete aus den Sozialausschüssen ebenfalls dafür; die übrigen stimmten dagegen, vier enthielten sich der Stimme.

Im Gegensatz zum Gesetzesvorschlag der Regierungskoalition enthielt der Vorschlag der CDU/CSU die Einrichtung von Arbeitsgruppensprechern sowie von Sprecherausschüssen leitender Angestellter. Dagegen sprachen sich die Parlamentarier der SPD aus, weil sie darin mögliche Konkurrenzorgane des Betriebsrats sahen. Hingegen hatte Hans Matthöfer, als damaliger Leiter der Bildungsabteilung im Vorstand der IG Metall, in einem Entwurf zur Reform des Betriebsverfassungsgesetzes bereits 1969, noch unter der großen Koalition, Arbeitsgruppensprecher als ein neues betriebsverfassungsrechtliches Organ zur Ergänzung und Unterstützung des Betriebsrats vorgeschlagen. Dagegen hatten sich jedoch DGB und IG Metall Vorstand ausgesprochen, so dass der Gesetzesentwurf in jener Legislaturperiode nicht mehr abschließend behandelt worden war und dieses Organ im späteren Entwurf der sozialliberalen Koalition erst gar nicht mehr auftauchte. Allein der oppositionelle Entwurf konfrontierte die SPD-Fraktion mit dem verdrängten Thema. Vollends die japanische Herausforderung setzte im letzten Viertel des 20. Jahrhunderts das Thema Arbeitsgruppen und Arbeitsgruppensprecher erneut auf die Agenda, dieses Mal vonseiten der Unternehmer, die besonders in der Automobilindustrie grundlegende arbeitsorganisatorische Umstrukturierungen durchsetzten und dabei auch Qualitätszirkel und teilautonome Gruppenarbeit favorisierten – eine Entwicklung, die linke Gewerkschaftsintellektuelle ironisch als ›Themenraub‹ charakterisierten.

Obwohl die FDP die leitenden Angestellten als ihre Klientel betrachtete, konnte sie sich mit ihrem Vorschlag, gesonderte Sprecherausschüsse für leitende Angestellte einzurichten, zu Zeiten der sozialliberalen Koalition nicht durchsetzen. Erst unter der Kanzlerschaft Helmut Kohls wurden diese 1988, auf Drängen des Koalitionspartners FDP, als ein weiteres Organ der Betriebsverfassung gesetzlich institutionalisiert.

Während die Gewerkschaften die erweiterten Mitbestimmungsrechte des Betriebsrats und ihre verbesserten Zugangsrechte zum Betrieb begrüßten, lehnten die Arbeitgeber die Erweiterung der Rechte der Betriebsräte mit starken Worten ab. In dem von ihnen in Auftrag gegebenen Rechtsgutachten des Juristen Hans Galperin ist von der »Vergewaltigung des Unternehmers« und der »Aushöhlung der sozialen Marktwirtschaft« die Rede.[12] Nur wenige Jahre später (1978) fand indessen Müller-Armack, dass das novellierte Gesetz mit dem »Stilprinzip der Sozialen Marktwirtschaft« durchaus kompatibel sei (s. Kapitel 4).

Mitbestimmungsgesetz 1976

Das bereits in den parlamentarischen Verhandlungen über das Betriebsverfassungsgesetz angekündigte Gesetz über die Unternehmensmitbestimmung wurde vier Jahre später verabschiedet. Mit ihm wurde die Mitbestimmung in den Aufsichtsräten auf alle Kapitalgesellschaften mit 2000 und mehr Beschäftigten ausgedehnt.

Das Gesetz hatte eine lange Vorlaufzeit. Bereits im März 1968 hatten die Gewerkschaften einen Gesetzentwurf über die »Mitbestimmung in Großunternehmen und Großkonzernen« vorgelegt. Sie hofften, ihre langgehegte Erwartung auf eine Ausweitung der Unternehmensmitbestimmung nach dem Modell der Montan-Mitbestimmung mit dem Eintritt der SPD in die Regierung realisieren zu können. Die große Koalition kündigte in ihrer Regierungserklärung vom 13. Dezember 1966 eine Kommission zur Auswertung der Erfahrungen mit der Mitbestimmung im Unternehmen an, die im Januar 1968 konstituiert wurde. Als Mitglieder wurden neun Professoren (Juristen und Ökonomen) und sechs Berater aus dem Arbeitgeber- und Arbeitnehmerlager berufen; ihr Vorsitzender wurde Kurt Biedenkopf. Im Februar 1970, bereits unter der sozialliberalen Koalition, legte die Kommission ihren Bericht »Mitbestimmung im Unternehmen« vor.

Die Kommission verstand den Auftrag zur Auswertung der Erfahrungen als Grundlage von Empfehlungen für die weitere Gesetzgebung. Nach den dort mitgeteilten Erfahrungen hatte die Unternehmensmitbestimmung einer gedeihlichen Zusammenarbeit im Aufsichtsrat weder geschadet noch die Handlungsfähigkeit des Unternehmens beschränkt. Auch die Arbeitnehmervertreter waren am Erhalt der Konkurrenzfähigkeit ihrer Unternehmen interessiert und standen einer optimalen Rentabilität ebenso wenig im Wege wie umfassenden Rationalisierungen. Für die von Unternehmerseite gegen die Gewerkschaftsvertreter im

Aufsichtsrat vorgebrachte Befürchtung einer »Fernsteuerung durch die Gewerkschaften« fand die Kommission keine Anhaltspunkte in der Praxis. Trotz dieser positiven Bilanz der Montan-Mitbestimmung kam die Kommission zur abweichenden Empfehlung einer unterparitätischen Lösung, die in der Regel ein Verhältnis von sieben Anteilseignern zu fünf Arbeitnehmervertretern vorsah. Die Kommission rechtfertigte dies damit, dass die »marktrationale Rentabilitätssteuerung« nicht mit paritätisch besetzten Aufsichtsratsmitgliedern vereinbar sei.

Andererseits lieferte der Kommissionsbericht einen ersten ordnungspolitischen Versuch, die Mitbestimmung in das marktwirtschaftliche System zu integrieren. Er leitet die Mitbestimmung aus dem besonderen Charakter des Arbeitsverhältnisses und dem Beitrag der Organisationsmitglieder zum gemeinsamen Erfolg ab. Wenn auch analytisch nicht immer trennscharf, erkannte die Kommission den Anspruch auf Mitbestimmung an, einerseits mit der durch den Arbeitsvertrag begründeten »organisatorischen Eingliederung des Arbeitnehmers in den Betrieb« sowie der »damit verbundenen, dem Arbeitsverhältnis eigenen Autoritätsbeziehung«, andererseits mit dem Beitrag, den die Arbeitnehmer im Rahmen des Unternehmens »zur Verwirklichung des Zwecks der Organisation entsprechend der unternehmerischen Planung und unter einheitlicher Organisationsgewalt« leisten. Sie ergänzte dies mit dem Hinweis, dass es sich bei der Mitbestimmung im Unternehmen um eine charakteristische Bewältigung des Abhängigkeitsproblems handele, »um eine spezifische Einstellung zum Problem der Organisations- und Leitungsgewalt gegenüber Menschen, eine Sensibilität gegenüber organisatorischen Abhängigkeiten«.[13] Erst nach dieser ordnungspolitischen Rechtfertigung der Mitbestimmung erörterte der Kommissionsbericht die ökonomischen Effekte der Mitbestimmung.

Es gab erhebliche Differenzen zwischen den beiden Regierungskoalitionen über die gesetzliche Regelung. Die SPD stand aufseiten der Gewerkschaften und wollte eine Regelung nach dem Muster der Montan-Mitbestimmung. Dafür war die FDP nicht zu gewinnen. Sie wollte die Letztentscheidung bei den Anteilseignern belassen und überdies den leitenden Angestellten das Recht auf Vertretung im Aufsichtsrat einräumen.

Ein Regierungsentwurf von 1974 wurde im Ausschuss für Arbeit und Sozialordnung zwei Jahre lang unter Anhörung von Sachverständigen beraten. Umstritten waren vornehmlich das vorgesehene Wahlverfahren, die Auflösung von Pattsituationen im Aufsichtsrat und die Einbeziehung von leitenden Angestellten. Aufgenommen wurden auch Vorschläge der CDU/CSU. Ihr Sprecher bezeichnete den Gesetzesentwurf in der parlamentarischen Debatte zur abschließenden Lesung als ein »Allparteienmitbestimmungsgesetz«.[14] So war es denn auch nicht mehr erstaunlich, dass in der namentlichen Schlussabstimmung nur 22 Abgeordnete – alle, bis auf einen, aus der CDU/CSU-Fraktion – gegen das Gesetz votierten.

Die Gewerkschaften waren zutiefst enttäuscht über die vom Parlament beschlossene Konstruktion der Unternehmensmitbestimmung. Erwartet hatten sie eine Mitbestimmung nach dem Modell des Montan-Mitbestimmungsgesetzes von 1951, mit voller Parität im Aufsichtsrat und einem von Arbeitnehmerseite bestellten Arbeitsdirektor.

Nun erhielten sie eine Mitbestimmung, die nur formal den Anspruch auf Parität erfüllte, faktisch aber Unterparität bedeutete. Zwar wurden die Mandate im Aufsichtsrat der Zahl nach auf Anteilseigner und Arbeitnehmer gleich verteilt (je nach Unternehmensgröße: 6:6, 8:8 oder 10:10), aber dem – in der Regel durch die Kapitalseite gewählten – Aufsichtsratsvorsitzenden war ein zweites Stimmrecht in Pattsituationen zugebilligt worden. Hinzu kam, dass sich unter den Arbeitnehmervertretern ein von den leitenden Angestellten gewählter Vertreter befinden musste. Auch entfiel das Vorrecht der Arbeitnehmervertreter auf die Bestellung des Arbeitsdirektors; es genügte dazu nun die einfache Mehrheit des Aufsichtsrats, im Zweifelsfall unter Nutzung des Zweitstimmrechts des Aufsichtsratsvorsitzenden. Die für die Gewerkschaften vorgesehenen zwei Vertreter (in Unternehmen ab 20 000 Beschäftigten drei Vertreter) konnten von den Gewerkschaften nicht einfach abgeordnet werden, sondern waren den unternehmensangehörigen Arbeitnehmern zur Wahl vorzuschlagen, wobei die Wahlvorschläge doppelt so viele Bewerber wie zu wählende Vertreter enthalten mussten.

Nicht einverstanden mit dem verabschiedeten Gesetz waren auch einflussreiche Teile des Arbeitgeberlagers sowie der CDU-Wirtschaftsrat, der es als ein »Ermächtigungsgesetz zur Fremdbestimmung« bezeichnete, womit er den Einfluss der externen Vertreter der Gewerkschaften im Visier hatte. Gegen das Mitbestimmungsgesetz von 1976 reichten neun Unternehmen und 29 Arbeitgeber- und Wirtschaftsverbände eine Verfassungsbeschwerde ein, mit der Begründung, dass es die Eigentumsgarantie des Grundgesetzes verletze. Das Gericht wies die Beschwerde unter anderem mit dem Hinweis auf das »Übergewicht, welches das Gesetz der Anteilseignerseite einräumt«, zurück. Das Gesetz verstoße auch nicht gegen die grundgesetzliche Eigentumsgarantie, und überdies sei das Grundgesetz wirtschaftspolitisch neutral; es enthalte keine »unmittelbare Festlegung und Gewährleistung einer bestimmten Wirtschaftsordnung«. Das waren eindeutige Worte.

Die Gewerkschaften werteten die von Unternehmerseite eingereichte Klage gegen das in ihren Augen ohnehin ungenügende Gesetz als Kampfansage; ihre Enttäuschung schlug in politische Empörung um. Verärgert kündigte der Deutsche Gewerkschaftsbund seine Kooperation in der Konzertierten Aktion auf. Aber die Zeit heilte auch hier Wunden. Nach den eindeutigen Worten des Bundesverfassungsgerichts lernten die Kontrahenten in den folgenden Jahren, sich mit der anfänglich beiderseitig ungeliebten Unternehmensmitbestimmung zu arrangieren.

Programmatische Umorientierung

In diese Zeitperiode fällt auch die programmatische Umorientierung der Gewerkschaften. Bereits 1963 hatte der DGB mit dem Düsseldorfer Programm die offen antikapitalistischen wirtschaftspolitischen Grundsätze des Münchener Programms ersetzt. Das neu formulierte Programm verzichtete auf einen Gegenentwurf zur Wirtschafts- und Gesellschaftsordnung und folgte der reformorientierten Linie des Godesberger Programms der SPD von 1959. Wie dieses zielte es auf die Modernisierung und Verwissenschaftlichung der Wirtschaftspolitik im Sinne des Keynesianismus. Die Vorstellung vom »krisenanfälligen Kapitalismus« war der von der »modernen Industriegesellschaft« gewichen. Als ein deutliches Kooperationsangebot an Staat und Unternehmer zielte das Programm auf Vollbeschäftigung, Wachstum und Stabilität im Rahmen der gegebenen Wirtschaftsordnung. Planung, Gemeinwirtschaft und Mitbestimmung tauchten in dem Programm nur noch als untergeordnete und systemkonforme Mittel unter anderen auf. Freilich fehlten in ihm nicht die genuinen gewerkschaftlichen Ziele einer gerechten Einkommens- und Vermögensverteilung und die qualifizierte Mitbestimmung, die auch als ein Instrument zur Kontrolle wirtschaftlicher Macht gesehen wurde.

Der DGB hat 1981 mit dem 2. Düsseldorfer Programm eine stark überarbeitete Neufassung seines Programms von 1963 vorgelegt. Mit seinen Ergänzungen und Umgruppierungen des Forderungskatalogs wies es gegenüber dem Vorgängerprogramm keine substantiellen Veränderungen auf. In der Präambel enthält es noch, wie im Programm von 1961, Elemente sozialistischer Kapitalismusanalyse. Der nachfolgende Forderungskatalog steht dazu in einem eigentümlichen Spannungsverhältnis, da er sich weitgehend auf systemkonforme Zielsetzungen oder unverbindliche Postulate an die politisch Verantwortlichen beschränkt. Offensichtlich hat der linke Gewerkschaftsflügel stärker in der Präambel, der sozialpartnerschaftliche stärker in den wirtschaftspolitischen Forderungen des Programms seine Vorstellungen durchsetzen können.

Ein neues Grundsatzprogramm, 1996 in Dresden beschlossen, trägt dem umfassenden sozialökonomischen Wandel seit den 1980er Jahren Rechnung. Von seinen Vorgängern unterscheidet sich das *Dresdener Programm* vor allem darin, dass es den Umkreis gewerkschaftlicher Grundsatzaussagen und Forderungen thematisch eingrenzt; es greift nicht mehr universal, von der Koalitionsfreiheit bis zum Weltfrieden, alle erdenklichen Themen auf. Stattdessen beschränkt es sich auf eine Präambel und fünf Kapitel:

Unsere Zukunft – Aufforderung zur Mitarbeit (Präambel),

   I. Zukunft der Arbeit,

  II. Gestaltung der Ökonomie,

 III. Den Sozialstaat durch Reformen sichern,

 IV. Anforderungen an unsere demokratische Gesellschaft,

  V. Die Zukunft der Gewerkschaften.

Es versucht, zeitgemäße Antworten auf die mannigfachen Umbrüche zu geben: im Politischen: auf den Zusammenbruch des Kommunismus und das Ende des Ost-West-Konflikts, auf die deutsche Wiedervereinigung und die Europäische Union; im Ökonomischen: auf die Globalisierung der Märkte, die Krise des Keynesianismus und den Umbau des Sozialstaats, auf Deregulierung und auf nachhaltiges Wirtschaften; im Ideologischen: auf die Relativierung der Klassengegensätze und die Verabschiedung sozialistischer, planwirtschaftlicher und gemeinwirtschaftlicher Ideen.

Hervorzuheben sind die eindeutige Befürwortung der Europäischen Union sowie der programmatische Verzicht auf eine Wirtschaftsordnung jenseits der Marktwirtschaft. Zwar wird diese als »sozial regulierte« qualifiziert, und es werden der marktwirtschaftlichen Steuerung sozialstaatliche Interventionen an die Seite gestellt, aber beides dient allein der Absage an einen »ungebändigten Kapitalismus«. Bemerkenswert sind des weiteren das bekundete Interesse an »funktionsfähigen und mitgliederstarken Arbeitgeberverbänden«, mit denen die Gewerkschaften das System der Flächentarifverträge nicht nur erhalten, sondern auch flexibel ausgestalten wollen. Das erweiterte Verständnis des Arbeitnehmerbegriffs auf »bislang ungeschützte Beschäftigte und ökonomisch abhängige Selbständige« sowie auf alle, »die eine Ausbildung und Arbeit anstreben, arbeitslos oder im Ruhestand sind«, trägt den Aufsplitterungen des Arbeitsmarktes und Differenzierungen des Mitgliederpotentials Rechnung.

Überblickt man den weiten Weg der programmatischen Entwicklung der Gewerkschaften, dann drängt sich als Schlussfolgerung auf, dass sie nach ihrem Selbstverständnis nicht nur in der Sozialen Marktwirtschaft ›angekommen‹ sind, sondern sich in deren Architektur als tragende Säulen und gestaltende Elemente eingefügt haben (s. auch Kapitel 10).

8 Nach der Wiedervereinigung: Fusionen und Spaltungen

Der deutsche Vereinigungsprozess hatte für die westdeutschen Gewerkschaften erhebliche Konsequenzen im Hinblick auf Organisation, Arbeitsmarkt und Tarifautonomie. Er führte zur größten Veränderung in den gewerkschaftlichen Organisationsstrukturen seit 1945.

Rund fünf Jahre nach dem Vereinigungsprozess beurteilte ein Experte der ostdeutschen Transformation die »friktionslose Übertragung des westdeutschen Systems der industriellen Beziehungen und die gelungene Adaption in den Betrieben« als »eine der wenigen ›Erfolgs-Stories‹ im ostdeutschen Transformationsprozess«.[1]

Vereinigung der Gewerkschaften

Der Versuch einer eigenständigen Reformierung der DDR-Gewerkschaften nach der Wende hatte nur für eine kurze Zeit eine Perspektive.[2] Ende 1989 war der gesamte Bundesvorstand des Freien Deutschen Gewerkschaftsbundes (FDGB) zurückgetreten und hatte den Weg zu einer Reform der Organisationsstrukturen freigemacht. Wenige Wochen später wurde ein außerordentlicher Kongress einberufen (31. Januar / 1. Februar 1990). Auf ihm wurden der Entwurf eines Gewerkschaftsgesetzes und eine föderalistische Neugliederung des Verbandes beschlossen. Das Gewerkschaftsgesetz sollte die Gewerkschaften in den Betrieben absichern und schloss die Einführung von Betriebsräten aus. Die Organisationsreform sah die Umwandlung in einen Dachverband mit Einzelgewerkschaften vor.

Sah es für eine kurze Zeit danach aus, als würde sich der DGB auf eine Kooperation mit dem reformierten FDGB einstellen, so änderte sich die Situation gründlich nach den ersten Volkskammerwahlen am 18. März 1990 mit dem klaren Sieg der von der ehemaligen Blockpartei CDU dominierten »Allianz für Deutschland«. Lothar de Maizière bildete eine große Koalition aus Allianz, neugegründeter SPD und ehemaliger Blockpartei der Liberalen, mit dem Ziel des Zusammenschlusses mit dem westdeutschen Staat. Sie unterzeichnete bereits im Mai den Staatsvertrag über die Herstellung der Währungs-, Wirtschafts- und Sozialunion mit der bundesdeutschen Regierung, der die Übertragung der Wirtschafts- und Sozialordnung – mit den leitenden Prinzipien der Sozialen Marktwirtschaft – auf das Gebiet der DDR vorsah. Nach Inkrafttreten des Vertrags am 1. Juli 1990 wurde für den DGB die Kooperationsstrategie hinfällig, sie wich einer Übernahmestrategie. Den DDR-Gewerkschaften blieb faktisch nur mehr die Option, sich mit ihren westdeutschen ›Pendants‹ zu fusionieren.

Nachdem der FDGB sich im September 1990 förmlich aufgelöst hatte, erfolgte der Vereinigungsprozess nach folgendem Muster: Die westdeutschen Gewerkschaften änderten ihre Satzungen dahingehend, dass sie ihren Organisationsbereich auf Ostdeutschland ausdehnten; die ostdeutschen Gewerkschaften lösten sich auf und empfahlen ihren Mitgliedern nachdrücklich, den DGB-Gewerkschaften beizutreten. In einigen Fällen (IG Medien, Gewerkschaft Nahrung-Genuss-Gaststätten, Gewerkschaft der Eisenbahner Deutschlands) traten die entsprechenden Ostgewerkschaften kollektiv den DGB-Gewerkschaften bei. Zwei Unterformen der Vereinigungsprozedur können unterschieden werden: Die am häufigsten praktizierte war die der kooperativen Übernahme, das heißt eine Vereinigung nach westdeutschen Bedingungen, die zweite war die des partiellen Neubeginns ohne Übernahme des Funktionärskörpers. Die damals noch selbständige Deutsche Angestellten-Gewerkschaft und der Deutsche Beamtenbund dehnten ebenfalls ihre Organisationsbereiche auf das ostdeutsche Territorium aus.

Die Abgrenzungen der Organisationsbereiche im FDGB waren denen im DGB ähnlich, aber nicht deckungsgleich. Darin erkannten einige Gewerkschaften, deren Mitgliederzahl deutlich zurückgegangen war, die Chance, mit einer »elastischen« Erweiterung ihrer überkommenen Organisationsdomäne angrenzende Rekrutierungsfelder zu erschließen. Die daraus resultierenden Abgrenzungskonflikte zwischen einzelnen Gewerkschaften musste der DGB durch Schiedsspruch schlichten; er tat dies auf der Basis des für die alte Bundesrepublik geltenden Organisationszuschnitts der Einzelgewerkschaften.

Da im Gegensatz zu den Gewerkschaften die Arbeitgeber in den ostdeutschen Ländern keine entsprechenden Verbände vorfanden, erfolgte in einer »Gründungswelle« eine Neugründung von Arbeitgeberverbänden ebenfalls nach westdeutschem Organisationsmuster.

Die organisatorische Vereinigung der Gewerkschaften hatte eine Mitgliederexplosion zur Folge, die den Mitgliedsbestand des DGB um 50 Prozent erhöhte: er stieg von knapp 8 Mio. (1990) auf 11,8 Mio. (1991) Mitglieder an. In den nachfolgenden Jahren setzte indessen ein kontinuierlicher Mitgliederschwund ein, zunächst hauptsächlich infolge des ostdeutschen Deindustrialisierungsprozesses. Später ergriff der Mitgliederschwund auch die westdeutschen Organisationen. Um die Jahrtausendwende sank die Mitgliederzahl des DGB bereits wieder auf den Stand vor der Vereinigung.

Reorganisation der Gewerkschaften

Mit der gewerkschaftlichen Expansion in die neuen Bundesländer erhielt die bereits durch längerfristige Entwicklungen angestoßene Debatte über eine grundlegende gewerkschaftliche Organisationsreform und über die künftige Rolle des DGB neue Anlässe.

Seit der zweiten Hälfte der 1990er Jahre wurde die traditionelle, auf dem Prinzip des Industrieverbands basierende Organisationsstruktur des DGB durch zahlreiche (und teils überraschende) Fusionen umgekrempelt. So haben sich 1996 die IG Bau-Steine-Erden und die Gewerkschaft Gartenbau, Land- und Forstwirtschaft zur neuen IG Bauen-Agrar-Umwelt (IG BAU) zusammengeschlossen. Im Jahre 1997 vereinigten sich IG Chemie-Papier-Keramik, IG Bergbau und Energie sowie Gewerkschaft Leder zur IG Bergbau, Chemie, Energie. In den Jahren 1998 und 1999 schlossen sich die Gewerkschaft Textil-Bekleidung und die Gewerkschaft Holz und Kunststoff der IG Metall an, ohne dass eine Namensänderung vorgenommen wurde. Eine Großfusion von fünf Dienstleistungsgewerkschaften erfolgte 2001: Unter Einschluss der DAG schlossen sich die Gewerkschaften Öffentlicher Dienst, Transport und Verkehr, Handel, Banken und Versicherungen, die Deutsche Postgewerkschaft und die IG Medien zur Vereinten Dienstleistungsgewerkschaft (ver.di) zusammen. Seit dem Jahre 2002 ist der

Gewerkschaft	Mitglieder abs.	Mitglieder %
IG Metall	2 239 588	36,2
ver.di – Vereinte Dienstleistungs-gewerkschaft	2 094 455	33,8
IG Bergbau, Chemie, Energie	675 606	10,9
IG Bau-Agrar-Umwelt	314 568	5,1
Gew. Erziehung und Wissenschaft	260 297	4,2
Eisenbahn- und Verkehrsgewerkschaft	232 485	3,8
Gew. Nahrung-Genuss-Gaststätten	205 646	3,3
Gewerkschaft der Polizei	170 607	2,8
Deutscher Gewerkschaftsbund	**6 193 252**	**100**

Tabelle 4: Mitgliedsgewerkschaften des DGB, 31.12.2010

DGB nur noch Dachorganisation für acht Gewerkschaften (siehe Tabelle 4).

Von Industriegewerkschaften kann bei diesen neugebildeten Konglomeraten kaum noch die Rede sein, wenn zum Beispiel der Organisationsbereich der IG Metall nach der Fusion nicht nur die Wirtschaftssektoren Eisen und Stahl, Metallverarbeitung und Elektroindustrie, sondern auch noch die Textil-, Bekleidungs-, Holz- und Kunststoffindustrie umfasst, von der Vielzahl von Branchen und Wirtschaftsgruppen des Organisationsbereichs von ver.di ganz zu schweigen. Der in der sozialwissenschaftlichen Diskussion neu aufgetauchte Begriff der ›Multibranchen-Gewerkschaft‹ trifft den Sachverhalt schon eher.

Bei den Fusionen ging es nicht primär um die Bereinigung umstrittener Organisationsabgrenzungen, vielmehr erfolgte die »Partnerwahl« teilweise nach dem Kriterium ähnlicher gewerkschaftspolitischer Grundüberzeugungen. Die tieferen Gründe lagen jedoch in finanzieller Notlage und schrumpfendem Mitgliederpotential sowie in der Stärkung des verbandlichen Einflusses innerhalb des DGB.

Direkte Folgeprobleme hatte diese Konzentrationsbewegung für die Rolle des DGB. Die großen Einzelgewerkschaften plädierten vornehmlich unter Kostengesichtspunkten für dessen Beschränkung auf die Kernaufgaben, das heißt seine Koordinierungsfunktion sowie die Gesellschafts- und Sozialpolitik. In der Folge kam es zur Verschlankung seiner Strukturen mit dem Verzicht auf die unmittelbare Mitgliederbetreuung durch den »Rückzug aus der Fläche« mit starker Reduzierung der untersten Organisationsebene, der Kreise. Die Zahl der Landesverbände wurde von 13 auf neun gesenkt, die wegen der Zusammenfassung mehrerer Länder (z.B. Berlin-Brandenburg; Hessen-Thüringen; Niedersachsen-Bremen-Sachsen-Anhalt) nun Regionen heißen. Die Bundesvorstandsverwaltung wurde mit der Verlegung von Düsseldorf nach Berlin ausgedünnt, Abteilungen wurden zusammengelegt, der Bundesvorstand auf fünf Mitglieder beschränkt, die Zahl der Delegierten der Bundeskongresse um ein Drittel verringert. Den ausgelagerten Rechtsschutz nimmt seit 1998 eine GmbH (als 100prozentige Tochter des DGB) mit landesweit 114 Büros wahr. Den Delegierten des DGB-Bundeskongresses 2010 lagen Anträge für eine weitere Organisationsreform vor, nach der die bisherigen drei Ebenen (Bezirke – Regionen – Bund) auf zwei Ebenen (Bund – Bezirke) reduziert werden sollten. Die DGB-Bezirke bilden an den Sitzen der Landesregierungen die landespolitische Lobby der Gewerkschaften.

Mit der Bildung von Arbeitgeberverbänden waren Ende 1990 die verbandlichen Voraussetzungen für das Funktionieren des westdeutschen Modells der Tarifautonomie geschaffen. Gewerkschaften und Arbeitgeberverbände konzentrierten ihre Tarifpolitik zunächst auf die graduelle Angleichung von Löhnen und Arbeitszeiten an die westdeutschen Tarifnormen (s. Kapitel 6).

Renaissance der Berufsgewerkschaften?

Eine Kehrseite der Konzentration der dem DGB angeschlossenen Gewerkschaften ist in dieser Zeit das verstärkte Auftreten von sog. Spartengewerkschaften.[3] Nach 60 Jahren fast unbestrittener Vorherrschaft der Einheitsgewerkschaft forderten mit spektakulären und lang anhaltenden Streiks separate Spartengewerkschaften von Piloten, Klinikärzten und Lokführern die Prinzipien von Einheitsgewerkschaft und Tarifeinheit heraus

Die Vereinigung Cockpit (Berufsverband der Verkehrsflugzeugführer in Deutschland) organisiert mehr als 8000 Piloten. Sie wurde 1968 als Berufsverband gegründet. Nachdem sie bis 2000 mit der Deutschen Angestellten-Gewerkschaft (DAG) eine Tarifgemeinschaft gebildet hatte, wurde sie nach der Fusion der DAG mit ver.di gewerkschafts- und tarifpolitisch selbständig.

Dem Marburger Bund (Verband der angestellten und verbeamteten Ärztinnen und Ärzte Deutschlands) gehören rund 110 000 Ärzte an. Er wurde 1947 gegründet. Auch er kooperierte zunächst mit der DAG in der Tarifpolitik, löste sich aber nach und nach aus dieser Tarifgemeinschaft und kämpfte eigenständig für arztspezifische Tarifverträge.

Die Gewerkschaft Deutscher Lokführer (GDL) wurde 1867 gegründet und ist unter den bestehenden Gewerkschaften die älteste in Deutschland. Sie organisiert rund 35 000 Lokführer und (seit 2002 auch) Zugbegleiter. Sie ist Mitgliedsgewerkschaft des Deutschen Beamtenbundes. In der DDR wurde sie als erste freie Gewerkschaft 1990 gegründet; im Januar 1991 schlossen sich west- und ostdeutsche GDL zu einer gesamtdeutschen Gewerkschaft zusammen. Bis 2002 bildete sie mit der gleichfalls dem Beamtenbund angehörenden Gewerkschaft Deutscher Bundesbahnbeamter (GDBA) und der DGB-Gewerkschaft Transnet eine Tarifgemeinschaft, aus der sie sich löste, um ihre tarifpolitischen Ziele auf dem Wege eines Spartentarifvertrags für Lokführer und Zugbegleiter zu verfolgen. Besondere Aufmerksamkeit der Öffentlichkeit fand der lang andauernde Lokführerstreik 2006/2007 um einen eigenständigen Tarifvertrag für Lokführer und Fahrpersonal, den die Deutsche Bahn beharrlich zu verhindern suchte, aber schließlich doch zugestehen musste.

Alle drei Spartengewerkschaften haben sich allmählich aus Tarifgemeinschaften mit größeren Organisationen gelöst, um für ihre berufsspezifische Klientel Interessenpolitik teilweise mit ausgedehnten Streiks zu verfolgen. Mit dieser Entwicklung wird freilich das im deutschen Arbeits- und Tarifrecht lange gehegte Prinzip der Tarifeinheit, d.h. der Grundsatz »ein Betrieb – eine Gewerkschaft«, in Frage gestellt.

Hintergrund dieser Abspaltungen ist die Tatsache, dass durch Massenwachstum und Großfusionen die Gewerkschaften die Gruppeninteressen ihrer vielfach segmentierten Mitgliedschaft zunehmend aus den Augen verloren und unter dem Banner der »solidarischen Lohnpolitik« deren Einkommensdifferenzen eingeebnet haben. Mit dem Selbstbewusstsein von Funktionseliten ziehen kleine Berufsgewerkschaften für ihre Klientel in den Tarifkampf und bekunden ihre Unzufriedenheit mit der von ihnen als nivellierend empfundenen Tarifpolitik der Industriegewerkschaften.

Medien und Sozialwissenschaften haben diese Entwicklung unter der Frage diskutiert, ob damit die primäre Organisationsform der Gewerkschaftsbewegung, die Berufsgewerkschaft, wiederbelebt würde und ob weitere Berufsgruppen in den Startlöchern zur Organisationsgründung stünden. Erinnert wurde dabei an eine historische Erfahrung. Als berufliche Gemeinschaften (»*occupational communities*«) mit einer starken Gruppenidentität und einem ausgeprägten Selbstbewusstsein besaßen (und besitzen) die qualifizierten Arbeitskräfte das, was man in der Soziologie ›Primärmacht‹ nennt, weil sie über schwer ersetzbare Qualifikationen verfügten und/oder im Produktionsprozess strategisch bedeutsame Positionen besetzten. Ihr kollektiver Zusammenschluss transformierte und potenzierte die Primärmacht in Organisationsmacht. Im Gegensatz zu den Tagelöhnern verfügten die Facharbeiter über die notwendigen Ressourcen (Zeit, Personal, Wissen, Geld), um gewerkschaftliche Organisationen aufzubauen und sie in einer feindlichen Umwelt erfolgreich einzusetzen. Selbst in den später entstandenen Industriegewerkschaften bildeten häufig homogene Gruppen qualifizierter Facharbeiter das Rückgrat und die Speerspitze der Organisation. Solange die Industriegewerkschaften die »Sonderstellung« der Facharbeiter mit innerorganisatorischem Status, Einfluss und materiellen Begünstigungen in der Lohnskala respektierten, zollten diese der ihnen abgeforderten Klassensolidarität ihren Tribut. Indes erlahmt im Zeitalter der ›Individualisierung‹ die Bindungskraft der Großverbände. Der kontinuierliche Mitgliederverlust der Gewerkschaften ist nur ein Krisenzeichen. Das andere sind die Forderungen einzelner Berufsgruppen nach eigenständigen Tarifverträgen.

Daraus indessen ableiten zu wollen, dass auch andere Berufsgruppen bereitstünden, weitere Spartengewerkschaften ins Leben zu rufen, ist eine vorschnelle Schlussfolgerung. Verkannt wird dabei, dass Gewerkschaftsneubildungen mit hohen Hürden zu rechnen haben. Eine kampffähige Gewerkschaft auf die Beine zu stellen erfordert mehr als den Willen dazu. Die genannten Gruppen stützen sich auf eine ausgeprägte berufliche Identität und auf Organisationsformen, die teilweise weit zurückreichen. Der Motivations- und Verwaltungsaufwand ist nicht zu unterschätzen. Es sind dies Voraussetzungen, die etwa den Spezialisten der Sektoren der Informationstechnologie oder den Finanzdienstleistern, um zwei Beispiele moderner Funktionseliten herauszugreifen, weitgehend fehlen.

Tarifkonkurrenz erfahren die DGB-Gewerkschaften noch durch eine andere Spezies von gewerkschaftlichen Verbänden, nämlich durch einige der dem Christlichen Gewerkschaftsbund angeschlossenen Branchenverbände. Während die Spartengewerkschaften der Spezialisten in der Lohn- und Tarifpolitik in der Regel eine Überbietungskonkurrenz darstellen, verfolgen die christlichen Gewerkschaften eine Strategie der Unterbietungskonkurrenz, weshalb der DGB sie auch als »Dumping-Gewerkschaften« bezeichnet. Insbesondere in der Metall- und Zeitarbeitsbranche haben Arbeitgeber in ihnen willige Organisationen gefunden, mit denen sie Tarifverträge zu billigen Konditionen abschließen konnten. Eine Gewerkschaft der Neuen Brief- und Zustelldienste (GNBZ) wurde im Oktober 2007 offensichtlich mit Unterstützung der Arbeitgeber gegründet, als sich ein gesetzlicher Mindestlohn für die Postbranche abzeichnete. Im Dezember 2007 schloss die Gewerkschaft Tarifverträge mit dem Arbeitgeberverband Neue Brief- und Zustelldienste und dem Bundesverband der Kurier-Express-Post-Dienste (BdKEP) ab, in denen Löhne zwischen 6,50 und 7,50 Euro für Zusteller vereinbart wurden. Das Arbeitsgericht Köln stellte am 30. Oktober 2008 fest, dass die GNBZ aufgrund erheblicher finanzieller Zuwendungen der Arbeitgeberseite nicht die für Gewerkschaften notwendige Unabhängigkeit aufweise und mit ihren ca. 1300 Mitgliedern nicht die nötige Durchsetzungsfähigkeit habe. Die von ihr geschlossenen Tarifverträge seien Gefälligkeitstarifverträge.

9 Die Gewerkschaften in der Europäischen Union

Gewerkschaftliche Politik kann sich im Zeitalter der Globalisierung nicht auf den nationalstaatlichen Rahmen beschränken. Mit dem Fortschritt der europäischen Integration wurde in den letzten Jahrzehnten die Gesetzgebung auf den Gebieten der Arbeitsmarkt- und Sozialpolitik zu einem erheblichen Teil nach Brüssel verlagert, wodurch sich die gewerkschaftlichen Handlungsmöglichkeiten innerhalb der nationalen Grenzen verringert haben. Daher sehen sich die deutschen Gewerkschaften gedrängt, auch auf der europäischen Ebene, in Kooperation mit anderen nationalen Gewerkschaften der europäischen Länder, ihren Einfluss als politischer Akteur und Lobbyist geltend zu machen.

Soziale Dimension der Europäischen Union

Am Anfang der europäischen Integration stand die Europäische Wirtschaftsgemeinschaft (EWG). Mit den am 1. Januar 1958 in Kraft getretenen Römischen Verträgen legten die sechs Gründerländer – Deutschland, Frankreich, Italien und die Benelux-Länder – den Grundstein für einen gemeinsamen Binnenmarkt.

Teil dieses Binnenmarktes war, neben den Güter- und Kapitalmärkten, auch der Arbeitsmarkt. Die Arbeitnehmer sollten in den Grenzen des europäischen Binnenmarktes sich frei bewegen und ihre Arbeitskraft anbieten dürfen. So wurde denn auch stufenweise bis 1968 die volle Freizügigkeit der Arbeitnehmer durchgesetzt.[1] Mit der Öffnung der

Arbeitsmärkte der Mitgliedsländer ergab sich konsequenterweise die Frage nach der Anwendbarkeit des Arbeitsrechts für grenzüberschreitende Arbeit. Dies war gewissermaßen die Geburtsstunde der europäischen Arbeits- und Sozialpolitik. Wenn auch schon der EWG-Vertrag von Rom in Präambel und Artikel 3 als Integrationsziele »den wirtschaftlichen und sozialen Fortschritt« und die Verbesserung der »Beschäftigungsmöglichkeiten der Arbeitnehmer« und »Hebung ihrer Lebenshaltung« enthielt, blieben die sozialen Ziele den wirtschaftlichen deutlich nachgeordnet.

Die ersten sozialpolitischen Maßnahmen der EWG beschränkten sich bis Mitte der 1970er Jahre auf Regelungen zur Freizügigkeit von Wanderarbeitern und auf die Aktivitäten des Europäischen Sozialfonds als ein Finanzierungsinstrument zur Förderung von Maßnahmen zur Berufsausbildung, Umschulung und Wiedereingliederung von Arbeitslosen. Als der Ministerrat 1974 das erste *Soziale Aktionsprogramm* verabschiedete, billigte er der Gemeinschaft grundsätzlich die Kompetenz zum Erlass von Vorschriften im Sozialbereich zu.

Ausgenommen davon wurden Fragen des Arbeitsentgelts, des Koalitionsrechts sowie des Streik- und Aussperrungsrechts; sie blieben bis heute den Mitgliedsländern vorbehalten.

Auf dem Gebiet der Arbeits- und Sozialpolitik hat die EG/EU in den vergangenen zwanzig Jahren zahlreiche Verordnungen und Richtlinien verabschiedet, u.a. über Arbeitssicherheit und Unfallschutz, über Arbeitszeit und Urlaubsdauer, über Bildschirmarbeit und zur Gleichstellung von Mann und Frau. Unter den jüngsten Richtlinien sind von Bedeutung: die Richtlinie über Europäische Betriebsräte (1994), die Entsende-Richtlinie (1996), die Rahmenrichtlinie zur Unterrichtung und Anhörung von Arbeitnehmern (2002) sowie die Dienstleistungs-Richtlinie (2006).

Insbesondere unter der Präsidentschaft des ehemaligen französischen Finanzministers Jacques Delors (1985–94) versuchte die Kommission durch verschiedene Aktionen, die »soziale Dimension des Binnenmarktes« zu stärken. Allein 27 soziale Richtlinien wurden unter seiner Präsidentschaft verabschiedet.[2] Mit seinen Reden auf Kongressen des Europäischen Gewerkschaftsbundes sowie der britischen und schwedischen Dachverbände und nicht zuletzt durch den von ihm eingerichteten sozialen Dialog (s. weiter unten) konnte er die europaskeptischen Gewerkschaften für den Gedanken eines »sozialen Europas« gewinnen.

Allerdings wuchs mit der Vollendung der Wirtschafts- und Währungsunion (WWU) sowie der Osterweiterung der EU in den Hochlohnländern die Furcht vor Sozial- und Lohndumping, zumal seit den späten 1990er Jahren eine neoliberale Orientierung die wirtschaftspolitische Agenda von Kommission und Rat zunehmend zu bestimmen schien. Auch verstärkte sich der Eindruck des sozialpolitischen Immobilismus nach der Ära Delors, zumal nach der Jahrtausendwende die Barroso-Kommission der Forderung der europäischen Dachorganisation der Arbeitgeber, BusinessEurope, nach einem »sozialen Moratorium« nachzukommen schien.[3]

Die zunehmende Skepsis der Gewerkschaften gegenüber dem europäischen Integrationsprozess erhielt erneute Nahrung durch die jüngsten Urteile des Europäischen Gerichtshofs (EuGH), der in seinen Entscheidungen zu Viking und Laval im Namen der Niederlassungs- und Dienstleistungsfreiheit das Streikrecht finnischer und schwedischer Gewerkschaften bei grenzüberschreitenden Konfliktfällen einzuschränken suchte. Die Urteile haben nicht nur die überaus kritische Diskussion über die »freie Rechtsschöpfung« des EuGH[4] weiter entfacht, sondern den Euro-Skeptikern unter Gewerkschaftern und ihnen nahestehenden Sozialwissenschaftlern neue Argumente geliefert.[5] Andererseits wurden die Gewerkschaften 2009 von einem Urteil des Europäischen Gerichtshofs für Menschenrechte in Straßburg positiv überrascht. Das Gericht erklärte in einem Urteil gegen die Türkei das Recht auf Kollektivverhandlungen und das Streikrecht zu den unerlässlichen Elementen der Vereinigungsfreiheit nach Artikel 11 der Europäischen Menschenrechtskonvention.[6] Als Höchstgericht des Europarats ist es dem Europäischen Gerichtshof in Luxemburg gleichsam übergeordnet, zumindest folgte letzteres bisher den Urteilen des ersteren.

Als einen großen sozialpolitischen Erfolg konnten die Gewerkschaften die Integration der sozialen Grundrechte in den Vertrag von Lissabon werten. Damit gehören seit Dezember 2009 das Recht zur Bildung von Gewerkschaften, zum Abschluss von Kollektivverträgen, zur Durchführung von Kampfmaßnahmen einschließlich Streiks sowie das Recht auf Unterrichtung und Anhörung der Arbeitnehmer zum europäischen Primärrecht.

Defensiver Internationalismus der Gewerkschaften

Gewerkschaften sind trotz ihrer traditionellen rhetorischen Appelle an den Internationalismus keine Protagonisten der europäischen Integration, was nicht verwundert, solange diese weitgehend im Zeichen der Marktliberalisierung vonstattengeht. Gleichwohl haben sie im Laufe des Integrationsprozesses realisieren müssen, dass dieser Prozess schwerlich aufzuhalten ist und dass sie ihn nur als Mitspieler beeinflussen können. Schaut man in die Kongressprotokolle, Geschäftsberichte und Positionspapiere des DGB und seiner großen Einzelgewerkschaften während der 1990er Jahre, erkennt man unschwer, dass das Thema Europa zwar pflichtgemäß abgehandelt wurde, aber gegenüber den tagesaktuellen Fragen und den sozialen Folgeproblemen der deutschen Vereinigung zurückstand. Ausnahmen bildeten die bevorstehende Vollendung des europäischen Binnenmarkts sowie die Osterweiterung, die beide geeignet waren, Befürchtungen eines drohenden Sozialdumpings aufkommen zu lassen – Befürchtungen, die sich prompt in einem erhöhten Antragsaufkommen auf den Gewerkschaftskongressen in dieser Dekade niederschlugen.

Mit ihrem durchaus berechtigten ceterum censeo: »Gegenüber der Wirtschaftsunion ist die Sozialunion dürftig und defizitär und muss daher gestärkt werden«, lässt sich die Einstellung (nicht nur) der deutschen Gewerkschaften zur europäischen Integration auf den Punkt bringen. So befürworten der DGB und seine Mitgliedsgewerkschaften zwar generell den Fortgang der europäischen Integration, warnen aber vor dem vereinigten Europa als einem Elitenprojekt mit »demokratischer Lücke« und monieren die sozialpolitischen Defizite. Charakteristisch für die Haltung des DGB sind Verlautbarungen wie die folgende:

> »Der Deutsche Gewerkschaftsbund macht eine zustimmende Haltung zur EWWU weiterhin davon abhängig, wie diese ausgestaltet und umgesetzt wird« und fordert von der Bundesregierung, sich dafür einzusetzen, dass »die Beschäftigungspolitik und das Beschäftigungsziel (…) im Vertrag eindeutig verankert werden« und dass »das Grundrecht auf grenzüberschreitende Koalitionsfreiheit und das Sozialprotokoll (…) Bestandteil des Vertrages werden«.[7]

Exemplarisch ist auch der Wortlaut des DGB-Positionspapiers aus dem Jahr 2000:

> Die wirtschaftliche und politische Integration Europas ist seit dem Ende der 80er Jahre in großen Schritten vorangekommen. Der einheitliche Binnenmarkt und die gemeinsame Währung müssen jetzt ergänzt werden durch eine gemeinsame Wirtschaftspolitik und die Schaffung eines europäischen Sozialraums mit Vollbeschäftigung, Chancengleichheit und sozialen Grundrechten. Die Aufnahme einer Europäischen Grundrechtscharta in die europäischen Verträge ist dafür von großer Bedeutung.[8]

In einer der jüngeren und gleichzeitig avancierteren Grundsatzerklärungen sind Kritik und Forderungen von gewerkschaftlicher Seite an Europa bündig zusammengefasst. Sie stammt von der IG Metall, die sie als »Europapolitisches

Memorandum der IG Metall« im Oktober 2007 auf einer internationalen Konferenz der Otto-Brenner-Stiftung in Budapest vorgelegt hat.[9] Darin wird eine schwere Krise der EU konstatiert und eine »verheerende Bilanz« gezogen. Abgesehen vom Scheitern des Verfassungsvertrags, sei die EU weit davon entfernt, die ambitionierten Ziele der Lissabonner Strategie zu erreichen. Die IG Metall zieht daraus freilich nicht die Schlussfolgerung »weniger Europa«, schon »weil eine sich nur auf den Nationalstaat beziehende Politik der Gewerkschaften weder wünschenswert wäre noch erfolgreich sein könnte«. Das »demokratische und soziale Europa (...) als Alternative zur neoliberalen EU« bleibt das Ziel. Als ein neues Leitprojekt wird »die aktive Gestaltung eines erneuerten Europäischen Sozialmodells« gefordert, und mit der Skizzierung der Aufgaben in den gewerkschaftlichen Handlungsfeldern der Wirtschafts- und Beschäftigungspolitik sowie der Tarif- und Betriebspolitik in Europa werden deren konkrete Ziele ausbuchstabiert.

Es fehlt nicht der selbstkritische Verweis darauf, dass »eine handlungsfähige europäische Gewerkschaftsbewegung erst in den Kinderschuhen steckt«. Aus dieser Einsicht heraus verordnet sich die IG Metall eine »verstärkte europapolitische Praxis, die auf allen Ebenen der Organisation selbstverständlich sein muss«. Hierzu zählen auch die Fortführung und Verdichtung der bestehenden transnationalen gewerkschaftlichen Vernetzungen und die Gewinnung europaweiter Kampagnefähigkeit.

Die deutschen Gewerkschaften waren aktiv an der Weiterentwicklung supranationaler Gewerkschaftsstrukturen auf europäischer Ebene beteiligt, zuvörderst des Europäischen Gewerkschaftsbundes. Der 1973 von 17 nationalen Gewerkschaftsbünden europäischer Länder gegründete Europäische Gewerkschaftsbund (EGB; *engl.*: European Trade Union Confederation, ETUC) setzt sich nach Satzung aus »freien, unabhängigen und demokratischen Gewerkschaftsbünden und europäischen Gewerkschaftsverbänden« zusammen, mit dem Ziel, dem Einheitsprinzip entsprechend, die gesamte arbeitende Bevölkerung auf europäischer Ebene zu repräsentieren. Aus Deutschland gehörten ihm zunächst sowohl der DGB wie die DAG als Mitgliedsverbände an; nachdem die DAG mit ver.di fusioniert hatte, ist als nationaler Dachverband der DGB nunmehr alleinige deutsche Mitgliedsorganisation. Von den dem EGB angeschlossenen Gewerkschaftsbünden sind die drei mitgliederstärksten: der DGB, der Dachverband britischer Gewerkschaften, TUC (Trades Union Congress), und der Dachverband der italienischen sozialistisch-kommunistischen Gewerkschaften, CGIL (Confederazione Generale Italiana del Lavoro).

Neben den nationalen Gewerkschaftsbünden gehören dem EGB auch die sektoralen Gewerkschaftsverbände (das sind Organisationen nationaler Branchengewerkschaften) als weitere Mitglieder an. Zu den größten dieser sektoralen Verbände zählen der Europäische Gewerkschaftsverband für den öffentlichen Dienst (EGÖD) und der Europäische Metallgewerkschaftsbund (EMB). Ihnen gehören alle nationalen Industrie- und Berufsgewerkschaften an, deren Organisationsdomäne der öffentliche Dienst bzw. die Metallindustrie ist. Wie andere nationale Einzelgewerkschaften sind somit ver.di und IG Metall auf zweifache Weise mittelbare Mitglieder des EGB: einmal über die Mitgliedschaft im europäischen sektoralen Gewerkschaftsverband und ein andermal über die Mitgliedschaft im nationalen Gewerkschaftsbund (DGB).

Von seinen derzeitigen Hauptaktivitäten her beurteilt, ist der EGB eine europäische Lobby zusammengeschlossener nationaler Gewerkschaftsbünde und Gewerkschaftsverbände. Neben dieser Lobbyarbeit bei und in allen Institutionen der Europäischen Union nimmt der soziale Dialog mit den Arbeitgeberorganisationen, der regelmäßig stattfindet, eine wichtige Rolle ein. Da Tarifverhandlungen auf europäischer Ebene derzeit so gut wie nicht stattfinden, erscheint neben der Festlegung von Mindeststandards die gemeinsame Abstimmung nationaler Tarifpolitiken das wichtigste – und einzig erfolgversprechende – Instrumentarium der EGB-Aktivitäten darzustellen.

Zusammenfassend ist zu sagen, dass den imposanten Mitgliederzahlen und organisationspolitischen Erfolgen des EGB ein deutlicher Mangel an supranationaler Autorität und Handlungsspielräumen gegenübersteht. Wenn Sozialforscher ihn als »Kopf ohne Körper« mit »demokratischem Defizit« bezeichnen,[10] dann ist dies zum einen auf die außerordentliche Heterogenität der politischen Orientierungen und nationalstaatlich geprägten Traditionen seiner Mitgliedsverbände zurückzuführen, zum anderen auf die mangelnde Bereitschaft der nationalen Gewerkschaften, Ressourcen und Kompetenzen an transnationale Organisationen abzugeben, und zum dritten auf den mangelnden Verhandlungswillen der Arbeitgeber, die sich, ihrem Interesse gemäß, die Regulierungslücken der »sozialen Dimension« zunutze machen können.

Gewerkschaften und Europäische Betriebsräte

Nach einer langen, mehr als zwanzigjährigen Periode kontroverser Diskussionen hatte der Rat der Sozialminister – unter der deutschen Präsidentschaft – im September 1994 die »Richtlinie über die Einsetzung eines Europäischen Betriebsrats oder die Schaffung eines Verfahrens zur Unterrichtung und Anhörung der Arbeitnehmer in gemeinschaftsweit operierenden Unternehmen und Unternehmensgruppen« beschlossen. Auf der Grundlage dieser Richtlinie konnten Europäische Betriebsräte (EBR) als erste originäre europäische Institution auf dem Gebiet der industriellen Beziehungen ins Leben gerufen werden. Die Einrichtung soll den Arbeitnehmern gemeinschaftsweit operierender Unternehmen Konsultations- und Informationsrechte einräumen. Die Kriterien für ein gemeinschaftsweit operierendes, EBR-pflichtiges Unternehmen sehen vor, dass es mindestens 1000 Arbeitnehmer in den Mitgliedstaaten beschäftigt und dass jeweils mindestens 150 Arbeitnehmer in mindestens zwei Mitgliedstaaten beschäftigt werden. Sofern die obigen Kriterien zutreffen, gilt die Richtlinie auch für die in EU-Ländern befindlichen Niederlassungen internationaler Konzerne, die ihren Hauptsitz außerhalb der EU haben. Die Richtlinie ist in allen 27 EU-Staaten in nationales Recht umgesetzt worden.

Im Mittelpunkt der Richtlinie steht das »besondere Verhandlungsgremium« der Arbeitnehmer, dessen Wahlmodus nicht weiter festgelegt wird, da die Vorschriften der nationalen Gesetzgebung überlassen bleiben. Es soll eine Vereinbarung über die Zusammensetzung und Befugnisse eines zu gründenden EBR aushandeln. Für den Fall des Scheiterns greifen Mindestvorschriften, die im Anhang der Richtlinie als Eckdaten für die nationale Gesetzgebung aufgeführt werden; sie umreißen gewissermaßen das Aktionsfeld des EBR als Minimalmodell. Diese »subsidiären Vorschriften« bestimmen unter anderem, dass der EBR mindestens drei und höchstens 30 Mitglieder hat, dass jährlich einmal eine Sitzung mit der zentralen Leitung stattzufinden hat, in der diese über die »voraussichtliche Entwicklung der Geschäfts-, Produktions-, Absatz- und Beschäftigungslage, Änderungen der Organisation, Einführung neuer Arbeitsverfahren, Verlagerungen, Fusionen oder Schließungen« zu unterrichten hat. Der EBR kann hierzu seine Stellungnahme abgeben und hat die Arbeitnehmervertreter an den nationalen Standorten über Inhalt und Ergebnisse der Unterrichtung und Anhörung zu informieren.

Die Entscheidung über die Einsetzung eines EBR wird in Verhandlungen zwischen dem besonderen Verhandlungsgremium der Arbeitnehmer und der zentralen Leitung des europaweit operierenden Unternehmens getroffen. Auf Initiative der zentralen Leitung oder der Arbeitnehmer (mindestens 100 Arbeitnehmer aus zwei Betrieben aus zwei Mitgliedstaaten) werden die Verhandlungen aufgenommen, wobei das besondere Verhandlungsgremium nach einzelstaatlichen Rechtsvorschriften zu bilden ist. Es setzt sich aus mindestens einem Mitglied für jeden Mitgliedstaat, in dem sich Betriebe des Unternehmens befinden, zusammen. Mitglieder des besonderen Verhandlungsgremiums können auch externe Vertreter (z. B. der Gewerkschaften) sein. Artikel 6 postuliert: Die Verhandlungen »müssen im Geiste der Zusammenarbeit« erfolgen.

In der Gestaltung der Vereinbarung sind das Verhandlungsgremium und die zentrale Leitung autonom. Die Richtlinie macht nur wenige Vorgaben; im Artikel 6 der Richtlinie werden mehrere Merkposten aufgelistet, über die Vereinbarungen getroffen werden müssen, u. a. zur Zusammensetzung des EBR, zur Anzahl der Mitglieder, zu Sitzverteilung und Mandatsdauer, zu Befugnissen im Hinblick auf Unterrichtung und Anhörung, zu Ort, Häufigkeit und Dauer der Sitzungen sowie zu finanziellen Mitteln. Der Sitz des EBR ist in der Regel bei der Konzernspitze, das heißt beim »herrschenden Unternehmen« (dafür werden verschiedene Kriterien genannt). Sofern die Konzernspitze ihren Sitz nicht in einem der EU-Staaten hat, muss sie einen Vertreter (z. B. Europabeauftragten) als Verhandlungspartner benennen, andernfalls ist die Leitung des Unternehmens mit der höchsten Beschäftigtenzahl in einem Mitgliedstaat für die Verhandlungen zuständig.

Der in der Richtlinie zum Ausdruck kommende weitgehende Verzicht auf detaillierte Vorschriften zur Schaffung einheitlicher Strukturen der Arbeitnehmerbeteiligung (welches der bisher übliche Weg zur »Harmonisierung« war) verweist auf einen rechtspolitischen Paradigmenwechsel – hin zum »Prozeduralismus«,[11] das heißt zur »regulierten Vielfalt« und »gelenkten Freiwilligkeit«.[12] Anstelle materieller Festschreibung lässt der europäische Gesetzgeber die Akteure gewissermaßen im Schatten des Gesetzes verhandeln.

Im Vergleich mit den Mitbestimmungsrechten des deutschen Betriebsrats verfügt der EBR über weitaus schwächere Beteiligungsrechte. Er besitzt keine echten Mitbestimmungsrechte, sondern nur Unterrichtungs- und Anhörungsrechte. Abstimmungen über kontroverse Fragen sind nicht vorgesehen, die letzte Entscheidung verbleibt bei der Unternehmensleitung. Der EBR ist folglich kein multinationaler Gesamt- oder Konzernbetriebsrat, sondern eher vergleichbar mit einem europäischen Wirtschaftsausschuss, der über Informations- und Konsultationsrechte verfügt, die nach dem Betriebsverfassungsgesetz dem Wirtschaftsausschuss in einem deutschen Unternehmen mit mehr als 100 Beschäftigten rechtlich zustehen.

Gleichwohl ist die Richtlinie eine wichtige Grundlage für den Aufbau eines europäischen Systems kollektiver Interessenvertretung. Nach dem Urteil eines gewerkschaftsnahen Wissenschaftlers ist sie »ein Beispiel für eine durchaus ausgewogene Mischung von Subsidiarität (jeweils nationale Anpassung durch Implementierung), Proporz (Zusammenwirken von Regierungen und Verbänden bei ihrer Erstellung und Umsetzung) und Flexibilität (die Richtlinie eröffnet verschiedene Optionen zur Umsetzung)«.[13]

Im Juni 2008 hat die Kommission einen längst fälligen Vorschlag für eine überarbeitete Richtlinie vorgelegt. Nach Beschlüssen des Ministerrats und des Europäischen Parlaments trat am 5. Juni 2009 die seit zehn Jahren hart umkämpfte Neufassung der Richtlinie in Kraft. Von Gewerkschaftsseite wurde das Ergebnis als enttäuschend bewertet, insbesondere weil es auch künftig keine klare Definition des Zeitpunkts, der Umstände und des Inhalts von »Information« und »Konsultation« geben wird und keine wirksamen Sanktionen bei Verstößen gegen die Richtlinie vorgesehen sind. Andererseits besteht nun ein Anspruch auf bezahlte Weiterbildung für EBR-Mitglieder.

Seit Verabschiedung der EBR-Richtlinie ist die Zahl der transnationalen Unternehmen mit einem EBR kontinuierlich gestiegen. Von den rund 2200 EBR-pflichtigen Unternehmen verfügen knapp 40 Prozent (absolut: 841 Unternehmen) über einen EBR, darunter vor allem die größeren multinationalen Konzerne, die rund 60 Prozent der Arbeitnehmer beschäftigen.[14] Es sind eher die mittelgroßen Unternehmen, die noch keine europaweit agierende Arbeitnehmervertretung aufweisen.

Die Konstituierung von Europäischen Betriebsräten erfolgte typischerweise auf zwei verschiedenen Wegen. Zum einen durch die Umwandlung bereits vor der Verabschiedung der Richtlinie freiwillig gebildeter europäischer Ausschüsse, zum anderen durch die Neukonstituierung mittels Verhandlungen zwischen Unternehmensleitung und dem »besonderen Verhandlungsgremium« der Arbeitnehmerseite. Im letzteren Fall leisteten die Gewerkschaften wichtige »Geburtshilfe«, in der Regel durch Kooperation der zuständigen nationalen Gewerkschaft und des entsprechenden europäischen Gewerkschaftsverbandes mit den betrieblichen Arbeitnehmervertretern. So bildete beispielsweise die IG Metall eigene abteilungsübergreifende EBR-Teams mit Experten aus verschiedenen Bereichen ihrer Organisation (Betriebs- und Mitbestimmungspolitik, Internationales, Bildung, Branchen etc.) und unterstützte während der EBR-Gründungsverhandlungen in Kooperation mit dem Europäischen Metallarbeiterbund die Arbeitnehmervertreter aus ganz Europa in den Konzernen mit

Sitz in Deutschland. Zur weiteren Betreuung wurden EBR-Beauftragte bestellt, meist gewerkschaftliche Vertreter in den Aufsichtsräten der betreffenden Unternehmen.[15]

Empirische Untersuchungen über die Europäischen Betriebsräte zeigen, dass die Varianz ihrer Praxis ähnlich breit ist wie die der deutschen Betriebsräte. Die erste repräsentative Befragung von 473 Vertretern Europäischer Betriebsräte erbrachte ein zwiespältiges Bild: Die Mehrzahl beklagt, dass sie erst verspätet Informationen über geplante Umstrukturierungsmaßnahmen erhält, wodurch ihre potentielle Einflussnahme erheblich eingeschränkt wird; andererseits hat ein knappes Drittel der Befragten mit der Konzernleitung transnationale Vereinbarungen getroffen, deren Status die in der Richtlinie fixierten Kompetenzen des EBR überschreiten. Etwa zwei Drittel der EBR-Vereinbarungen bevorzugen gemischte Gremien, setzen sich also aus Arbeitnehmer- und Arbeitgebervertretern zusammen. Die große Mehrzahl der EBR verfügt über besondere (Lenkungs-)Ausschüsse als permanente Kommunikations- und Arbeitsgremien.[16]

Ein vorläufiges Resümee aus der Forschung über die Europäischen Betriebsräte zeigt, dass die euroskeptische Sicht auf den EBR sich als unberechtigt erwiesen hat. Selbst wenn eine beträchtliche Zahl der untersuchten Europäischen Betriebsräte (vorerst) nur »symbolisch« existiert und agiert, zeigen einige herausgehobene Beispiele aus den Fallstudien, dass dieser originären europäischen Institution eine Dynamik mit einem positiven Entwicklungspotential innewohnt.

Dem EBR-Modell entsprechen in der Struktur auch die Mitbestimmungsregelungen der neuen Rechtsform der

Europäischen Aktiengesellschaft (Societas Europaea – SE), die gemäß einer Richtlinie von 2001 seit Oktober 2004 in Kraft ist. In ihr wird die Mitbestimmung zum zwingenden Verhandlungsgegenstand: ohne eine entsprechende Vereinbarung zwischen beiden Seiten kann keine SE registriert werden. Erste empirische Befunde einer Analyse gegründeter SE-Unternehmen[17] zeigen allerdings auch, dass diese Unternehmensform in Deutschland zur »präventiven Mitbestimmungsflucht« genutzt werden kann, indem vor Erreichen von mitbestimmungsrelevanten Schwellenwerten der Status quo festgeschrieben wird, so etwa für Unternehmen mit unter 500 Beschäftigten (keine Mitbestimmung im Aufsichtsrat) oder mit 500 bis 2000 Beschäftigten (nur Drittelbeteiligung im Aufsichtsrat).

Sozialer Dialog

Während für die Mitbestimmung eine originäre europäische Institution geschaffen wurde, ist für die andere zentrale Institution der industriellen Beziehungen, die Tarifautonomie, bisher Fehlanzeige zu vermelden. Der Grund ist, dass die Arbeitgeber keine grenzüberschreitenden Tarifverträge abschließen wollen. Und da Tarifverträge eine bilaterale Angelegenheit sind, bleibt den Gewerkschaften vorerst nur der Ausweg, ihre nationalen Tarifpolitiken europaweit zu koordinieren (siehe weiter unten).

Allerdings kann man in der Institution des *sozialen Dialogs* ein Substitut für die fehlenden europäischen Tarifverhandlungen sehen. Seit der Einheitlichen Europäischen Akte von 1987 ist die Förderung des sozialen Dialogs eine offizielle Aufgabe der Kommission. Diese Verpflichtung

wurde durch die Gemeinschaftscharta der sozialen Grundrechte 1989, das Sozialabkommen von Maastricht 1992 und
den neuen EG-Vertrag von Amsterdam 1997 bekräftigt. In
der Fassung des EG-Vertrages von Amsterdam 1997 heißt
es in Art. 139 (1):

> Der Dialog zwischen den Sozialpartnern auf Gemein-
> schaftsebene kann, falls diese es wünschen, zur Herstel-
> lung vertraglicher Beziehungen, einschließlich des Ab-
> schlusses von Vereinbarungen, führen.

Im Vertrag von Lissabon wurde dieser Passus unverändert
übernommen.

Insbesondere Jacques Delors hatte sich um den sozialen
Dialog in Form regelmäßiger Konsultationen der Europäischen Kommission mit den Dachverbänden der Sozialpartner bemüht und die Sozialpartner, auch ohne Beteiligung
der Kommission, zu gemeinsamen Stellungnahmen er-
muntert. Beides hatte jedoch einen weniger verbindlichen
Charakter als nun von Artikel 138 und 139 des Amsterdamer
Vertragswerks vorgeschrieben.

Der »neue soziale Dialog« könnte – dem Arbeitsrechtler
Weiss zufolge – zu einem »Katalysator koordinierter Tarifpolitik« werden. Denn die Verpflichtung der Kommission,
den sozialen Dialog zwischen den Sozialpartnern zu entwi-
ckeln, mit dem möglichen Ziel, dass es zwischen ihnen zu
vertraglichen Vereinbarungen kommt, gibt ihr nicht nur
zur Aufgabe, »die Anhörung der Sozialpartner auf Gemein-
schaftsebene zu fördern«, sondern auch, »den Sozialpartnern die Option zu lassen, eine sozialpolitische Maßnahme
durch Verhandlungen und Vereinbarungen autonom zu

beschließen«.[18] Im letzteren Fall können die Sozialpartner an die Kommission herantreten, damit diese ihre gemeinsame Vereinbarung zwecks Beschlussfassung dem Ministerrat unterbreitet. Kommt es zu einer solchen autonomen Regelung, erhält die Vereinbarung zwischen den Sozialpartnern den Charakter eines »Quasi-Richtlinienvorschlags«. Die entsprechenden Verhandlungen können sowohl auf der sektorübergreifenden als auch auf der Sektorebene geführt werden. Der »neue soziale Dialog« räumt somit im Bereich der Sozialpolitik dem Weg kollektivvertraglicher Regelungen Vorrang gegenüber der EU-Rechtsetzung ein und entspricht damit auch dem (aus der katholischen Soziallehre stammenden und im EU-Vertrag verankerten) Prinzip der Subsidiarität.

Seit 1997 werden die Sozialpartner von der Präsidentschaft des Europäischen Rates am Vorabend ihrer Tagung eingeladen, eine Übung, die 2001 in einem dreigliedrigen Sozialgipfel vor der Frühjahrstagung des Rates ihre Institutionalisierung fand. Unter der gemeinsamen Leitung des Ratspräsidenten und des Präsidenten der Kommission erörtern jeweils zehnköpfige Delegationen von Arbeitnehmern und Arbeitgebern Fragen aus den vier Sachgebieten: Makroökonomie, Beschäftigung, Sozialschutz und allgemeine und berufliche Bildung.

Die europäischen Gewerkschaften verfolgen seit den 1990er Jahren die Strategie, den sozialen Dialog schrittweise zu vertiefen und zu einem europäischen Tarifvertragssystem auszubauen. An die Stelle unverbindlicher »gemeinsamer Stellungnahmen« sollen verbindliche europäische Rahmenvereinbarungen treten. Demgegenüber lehnen die Arbeitgeber Tarifvereinbarungen auf europäischer Ebene strikt ab; diese sollen nach ihrem Verständnis ausschließlich im nationalen Rahmen erfolgen. Da indes mit dem Maastrichter Sozialabkommen die Wahrscheinlichkeit sozialpolitischer Rechtsakte durch die Kommission größer geworden ist, haben die Arbeitgeber ihre Strategie modifiziert: Aus defensiven Gründen willigen sie in Verhandlungen ein, insbesondere wenn es gilt, mit einem freiwillig ausgehandelten Abkommen der Intervention der Kommission in Form einer verbindlichen Richtlinie zuvorzukommen,[19] wie sie es etwa bei der Beratung der Betriebsräte-Richtlinie taten.

Im Ausschuss für den branchenübergreifenden sozialen Dialog wurde zwischen den beiden europäischen Dachverbänden der Arbeitgeber und dem EGB im Jahre 1995 ein erstes Abkommen über Erziehungsurlaub für Eltern geschlossen und anschließend vom Rat, auf Vorschlag der Kommission, in Form einer Richtlinie im Juni 1996 verabschiedet (Richtlinie 96/34/EG). Weitere Rahmenvereinbarungen der Sozialpartner, die so auf den Weg gebracht wurden, waren die Vereinbarung über Teilzeitarbeit 1997 und über befristete Arbeitsverträge 1999. Daneben gibt es die sogenannten autonomen Vereinbarungen, die sektorübergreifend von den unterzeichnenden Parteien »nach den Verfahren und Gepflogenheiten der Sozialpartner und der Mitgliedstaaten« (Art. 139 Abs. 2) selbst umgesetzt werden und an die eigenen Mitglieder gerichtet sind. Hierzu gehören die Rahmenvereinbarungen über Telearbeit (2002) und über Stress am Arbeitsplatz (2004). Die autonomen Rahmenvereinbarungen sind rechtlich nicht bindend und werden von den Mitgliedstaaten, wenn überhaupt, nur unsystematisch umgesetzt.[20]

Als großer Erfolg kann der branchenübergreifende soziale Dialog aus gewerkschaftlicher Sicht nicht gewertet werden. Die wenigen Rahmenvereinbarungen, die bisher geschlossen werden konnten, stellen lediglich Mindestanforderungen da, die teilweise unter bereits bestehenden nationalen Standards liegen und zudem rechtlich nicht bindend sind.

Auch der soziale Dialog auf sektoraler Ebene bietet ein buntes Bild. Zwar stehen die meisten europäischen sektoralen Verbände (Arbeitgeberföderationen und Gewerkschaftsverbände) miteinander im Dialog, aber auch hier divergiert der Grad der Institutionalisierung beträchtlich. Wohl am weitesten gediehen ist mittlerweile der soziale Dialog in der Chemie-Branche.

Die erste Generation des sektoralen Dialogs bestand aus »paritätischen Ausschüssen« oder aus mit Sozialpartnern besetzten informellen Arbeitsgruppen, wobei sich erstere auf Beschluss der Kommission mit integrierten Gemeinschaftspraktiken (z.B. den Verkehrs-, Agrar-, Fischerei-, Kohle- und Stahlbereich betreffende Fragen) befassten und letztere gemeinsame Stellungnahmen zu Regulierungsvorhaben der EU mit sozialen Auswirkungen herausgaben.[21] Die Aufnahme des Maastrichter Sozialabkommens in den Vertrag von Amsterdam ebnete ab 1998 den Weg für eine zweite Generation der sektoralen Dialoge. Die bestehenden paritätischen Ausschüsse und Arbeitsgruppen wurden umgewandelt in »Ausschüsse für den sektoralen sozialen Dialog«, die aus höchstens 54 Vertretern der Sozialpartner, je zu gleichen Teilen, zusammengesetzt sind. Die zurzeit existierenden rund 40 solcher Ausschüsse haben über 300 Beschlüsse gefasst. Den eindrucksvollen Zahlen stehen auch hier eher bescheidene Ergebnisse gegenüber. Eine Analyse von 191 Dokumenten, die die sektoralen Organisationen der Sozialparteien zwischen 1998 und 2004 gemeinsam verabschiedet haben, ergab, dass sich darunter nur fünf (2,6 %) echte Rahmenvereinbarungen mit bindenden Effekten für die unterzeichnenden Parteien und ihre nationalen Mitgliedsverbände befanden. Das Gros bildeten dabei gemeinsame Stellungnahmen, Erklärungen, Empfehlungen, Verhaltenskodizes und interne Geschäftsordnungen.[22] Damit scheint sich das »Kerngeschäft« der Ausschüsse für den sektoralen Dialog noch weitgehend aufs Lobbying bei den Institutionen der EU zu erstrecken. Die Erwartung, dass gerade von hier weitere Impulse für europäische Tarifverhandlungen ausgehen könnten, bleibt eine unerfüllte Hoffnung an das Entwicklungspotential dieser Institution. Somit scheint weder der branchenübergreifende noch der sektorale neue soziale Dialog die hohen Erwartungen erfüllt zu haben, die vor allem die Gewerkschaften seit Maastricht in ihn gesetzt hatten.

Transnationale tarifpolitische Kooperation

Die Verwirklichung eines europäischen Binnenmarktes und vollends die Europäische Währungsunion konfrontierten die nationalen Gewerkschaften mit erheblichen Herausforderungen für ihre Lohnpolitik. Denn mit dem Wegfall des Wechselkursmechanismus, der auf Lohnkosten- und Produktivitätsunterschiede zwischen den Ländern flexibel reagiert, schlagen unterschiedliche Lohnkostenentwicklungen auf die Wettbewerbsfähigkeit zwischen den EWU-Mitgliedsländern durch.

Da die Arbeitgeber europaweite Tarifverhandlungen bis heute strikt ablehnen, waren die Gewerkschaften vor die Wahl gestellt, ihre Lohnpolitik entweder einem nationalen kompetitiven Korporatismus zu unterwerfen oder sie in einem transnationalen Koordinationsnetz zu integrieren.[23] Nach der Währungsunion ergriffen verschiedene nationale Gewerkschaften die Initiative zur europaweiten Koordinierung und Vernetzung nationaler Tarifpolitiken. Frühe Pioniere dieser Bestrebungen waren die im September 1998 in der holländischen Stadt Doorn zusammengekommenen deutschen, holländischen, belgischen und luxemburgischen Gewerkschaften (neben den Dachorganisationen auch Vertreter sektoraler Gewerkschaftsverbände), die mit der sogenannten »Doorn-Erklärung« auf die Notwendigkeit einer engen grenzüberschreitenden Koordinierung der Tarifverhandlungen innerhalb der EWU verwiesen und als Leitlinie für das Abschlussvolumen von Lohnerhöhungen die Summe aus Preissteigerung und Anstieg der Arbeitsproduktivität beschlossen. Der EGB, der bereits 1999 ein Komitee zur Koordinierung der Tarifpolitik eingerichtet hatte, übernahm ein Jahr später auch die in Doorn beschlossene tarifpolitische Leitlinie für nationale Lohnverhandlungen. Allerdings hatte diese Leitlinie bislang nur einen begrenzten Einfluss auf die nationalen Tarifergebnisse.

Insbesondere die europäischen Metallgewerkschaften haben vielfältige Ansätze einer supranational koordinierten Tarifpolitik, programmatisch wie praktisch, entwickelt.[24] Durch Bildung interregionaler Tarifpartnerschaften kooperieren verschiedene IG-Metall-Bezirke mit Gewerkschaften angrenzender Länder; der Europäische Metallarbeiterbund hat darüber hinaus einen europäischen Tarifausschuss und ein Informationsnetzwerk für Tarifpolitik ins Leben gerufen. Diesem Koordinierungsansatz sind mittlerweile andere europäische Gewerkschaftsverbände gefolgt. So zum Beispiel die Bau- und Chemiebranche, deren Koordinierungsansätze sich freilich unterscheiden. Während die IG Metall auf gemeinsame Tarifkommissionen setzt, entsendet die IG BCE regelmäßig Beobachter zu ausländischen Tarifverhandlungen. Die IG BAU hingegen arbeitet gemeinsam mit den Arbeitgebern an einer Kontrolle des Arbeitsmarktes, um Sozialdumping mit Mindeststandards entgegenzuwirken.

Transnationale Vereinbarungen auf Unternehmensebene

Seit den 1990er Jahren hat sich nicht nur die Koordination nationaler Tarifpolitiken verdichtet, sondern gleichsam naturwüchsig aus der Praxis der Europäischen Betriebsräte auch ein System unternehmenszentrierter Verhandlungen entwickelt. Eine aktuelle Übersicht weist 95 transnationale Vereinbarungen auf Konzernebene aus, die, beginnend in den 1990er Jahren, vornehmlich aber seit 2000 für große multinationale Unternehmen (mit Hauptsitz in Frankreich, Deutschland, Skandinavien und den USA) abgeschlossen wurden.[25] In der großen Mehrzahl haben diese Abkommen neben Unternehmensleitung und EBR auch eine auf europäischer oder internationaler Ebene agierende Branchengewerkschaft als Unterzeichner. Die Gegenstände dieser Abkommen sind Restrukturierung, Arbeits- und Gesundheitsschutz, Weiterbildung und Mobilität, Datenschutz, fundamentale Rechte, wie in den Kernarbeitsnormen der ILO niedergelegt.

Ein Teil dieser transnationalen Vereinbarungen ist den Internationalen Rahmenabkommen (International Framework Agreements – IFAs) zuzurechnen, mit denen sich global agierende Unternehmen aus dem Geiste der *Corporate Social Responsibility* gegenüber einer internationalen Branchengewerkschaft verpflichten, etwa die Kernarbeitsnormen der ILO weltweit zu beachten. Von Nutzen ist dies insbesondere in solchen Ländern, in denen die Arbeitsgesetzgebung unzureichend und die Gewerkschaften schwach entwickelt sind.

Auf globaler Ebene existiert für die Einhaltung der IFAs kein rechtlicher Sanktionsmechanismus. Auch für die Abkommen im europäischen Kontext ist die Rechtslage ambivalent. So befürwortet die Kommission transnationale Tarifverhandlungen auf sektoraler und auf Unternehmensebene, ohne dass absehbar ein rechtlicher Rahmen dafür geschaffen wird.[26] Wenn sowohl der sektorale soziale Dialog als auch die transnationalen Verhandlungen auf Unternehmensebene verschiedentlich als Embryonalformen transnationaler Tarifverhandlungen bezeichnet werden, dann ist dem freilich hinzuzufügen, dass beide Formen die klassischen Tarifmaterien – Lohn und Arbeitszeit – bislang nicht aufgegriffen haben. Diese bleiben weiterhin der transnationalen Koordination nationaler Tarifpolitiken vorbehalten.[27]

10 Gewerkschaften und Soziale Marktwirtschaft – ein Resümee

Die in den vorstehenden Kapiteln nachgezeichneten sechs Jahrzehnte deutscher Gewerkschaftsgeschichte lassen sich pointiert wie folgt zusammenfassen: Gewerkschaften und Soziale Marktwirtschaft starteten in der Gründungsphase der Bundesrepublik Deutschland als feindliche Geschwister, sie kamen einander im weiteren Verlauf näher, beeinflussten sich gegenseitig und entdeckten zunehmend ihre Wahlverwandtschaft. Anders gesagt: Einerseits sind die Gewerkschaften zum Mitschöpfer einer Wirtschaftsordnung geworden, die sie ursprünglich bekämpft hatten. Andererseits hat die reale Praxis der Sozialen Marktwirtschaft wesentlich dazu beigetragen, die gewerkschaftliche Politik in die wirtschaftspolitischen Prozesse einzubinden. Wären beides Medaillen, trügen sie auf ihrer Rückseite jeweils den Prägestempel des anderen.

Wenn das deutsche Konsensmodell zuweilen mit Konfliktpartnerschaft umschrieben wird,[1] dann bringt dies zum Ausdruck, dass die Interessenkonflikte zwischen Kapital und Arbeit heute schwerlich noch mit dem Interpretationsschema des Klassenkampfes zu begreifen sind, dass sie aber andererseits mit dem wohlfeilen Begriff der Sozialpartnerschaft bagatellisiert würden. Solange es abhängige Arbeit gibt, wird es auch Interessenkonflikte geben zwischen jenen, die ihre Arbeitskraft gegen Entgelt zur Verfügung stellen, und denen, die über die Nutzung dieser Arbeitskraft verfügen – sei es als Vorgesetzte, als Manager oder als Unternehmer. Auch wenn beide Arbeitsvertragsparteien letztlich nur auf dem Wege von Kooperation und konsensuellen

Problemlösungen zu effizienten wirtschaftlichen Ergebnissen gelangen können, ist ihr Verhältnis ein konfliktuelles und bleiben die Arbeitnehmer auf die Gewerkschaften angewiesen.

Gleichwohl haben die nach dem Zweiten Weltkrieg eingeführten sozialstaatlichen Einrichtungen zur Entdramatisierung jenes Interessenkonflikts geführt, der den Sozialwissenschaften lange als Haupt- und Grundwiderspruch kapitalistischer Gesellschaften galt. Diese Entwicklung und vollends der Zusammenbruch des real existierenden Sozialismus, der als eine – wie auch immer problematische – Gesellschaftsordnung jenseits des Kapitalismus gelten konnte, haben offensichtlich gemacht, dass es zumindest in unserer historischen Situation keine lebens- und reproduktionsfähige Alternative jenseits kapitalistischer Marktwirtschaften gibt. Die Alternative heißt heute nicht mehr: Kapitalismus oder Sozialismus, sondern: Angloamerikanischer oder Rheinischer Kapitalismus – kapitalistische Marktwirtschaft pur oder sozialpflichtige Marktwirtschaft.

Realistischerweise sind die Soziale Marktwirtschaft, als die deutsche Ausprägung des Rheinischen Kapitalismus,[2] und das von Jacques Delors proklamierte soziale Europa zu normativen Bezugsgrößen auch von einflussreichen Repräsentanten der Gewerkschaften geworden. Wissen sie doch, dass sie nur bei Verlust der Politikfähigkeit sich objektiven historischen Tendenzen entgegenstellen können. Dennoch ist es ihnen nicht leichtgefallen, ihr normatives Koordinatensystem zu ändern und ihre unaufgebbaren Ziele, wie Tarifautonomie und Mitbestimmung, in einen neuen und systemkonformen Begründungszusammenhang zu stellen.

Soziale Marktwirtschaft ist eine konzeptionell offene Ordnungsidee;[3] sie hat ungleiche Interessenten und einander widersprechende Interpreten in den Bann gezogen. Die Vielfalt der Interpretationen verdankt sie vornehmlich dem Adjektiv »sozial«. Sechzig Jahre nach ihrer Einführung halten sie die einen für überholt, die anderen für renovierungsbedürftig, die dritten für ausbaufähig. Zur dritten Gruppe haben die Gewerkschaften sich gesellt. Evident ist, dass Gewerkschaften in der Diskussion um die Neujustierung des Konzepts der Sozialen Marktwirtschaft auf der absoluten Gleichrangigkeit des Sozialen mit dem Ökonomischen bestehen müssen, worauf auch der Schöpfer des Begriffs, Alfred Müller-Armack, eminenten Wert gelegt hat. Kurz vor seinem Tod, 1978, bekannte er sich zu einer »dialektischen Betrachtungsweise«, der zufolge »beide Dinge« – soziale Sicherung und Leistungswettbewerb – »absolut in der Sozialen Marktwirtschaft in eine gemeinsame Strukturformel« gehören und sich gegenseitig bedingen und begrenzen.[4] Zu ergänzen wäre diese doppelte Zielbestimmung um die soziale Integration durch Teilhabe als ein drittes Postulat sowie um ökologische Nachhaltigkeit als ein viertes Postulat.

Im Dresdner Grundsatzprogramm des DGB von 1996 findet sich die Formulierung:

> Die sozial regulierte Marktwirtschaft bedeutet gegenüber einem ungebändigten Kapitalismus einen großen historischen Fortschritt. Die soziale Marktwirtschaft hat einen hohen materiellen Wohlstand bewirkt. Die soziale Regulierung – vor allem durch die Gewerkschaften – hat gewährleistet, dass breite Bevölkerungsschichten an diesem Wohlstand teilhaben konnten.

Zu Recht erheben hier die Gewerkschaften den Anspruch, dass sie »Mitgestalter« des Rheinischen Kapitalismus und damit der Sozialen Marktwirtschaft sind. Lohnfortzahlung im Krankheitsfall, Sozialpläne, erweiterte Mitbestimmungsrechte auf betrieblicher und unternehmerischer Ebene, Mindestlöhne und andere soziale Errungenschaften gehören heute zu den Kerninstitutionen einer modern verstandenen Sozialen Marktwirtschaft. Das ist zwar nicht mehr Ludwig Erhards Soziale Marktwirtschaft, aber die real existierende Wirtschaftsordnung in Deutschland, welche selbst von Angela Merkel als ›Exportschlager‹ bezeichnet wird.

Ob der Kapitalismus auch ohne Gewerkschaften gut funktionieren kann,[5] sei dahingestellt. Jedenfalls sind ihre sozialpolitischen ›Hilfsdienste‹ zu einem störungsfreieren Funktionieren prosperierender Ökonomien vornehmlich deshalb willkommen, weil sie selbst eine potentielle Störungsmacht verkörpern. Ihre primäre Funktion als Schutz- und Verteidigungsorganisationen der Arbeitnehmer auf den Arbeitsmärkten und in der Produktion erfüllen sie in der Regel durch die Entfaltung von Organisationsmacht. Mit Gewerkschaften, die weder zurückgedrängt noch ignoriert werden können, muss man verhandeln und sich arrangieren. Unternehmer und staatliche Bürokratien haben rational mit institutionellen (Klassen-)Kompromissen und Pazifizierungsstrategien die Gewerkschaften für ihre Zwecke zu funktionalisieren versucht. Immerhin erwiesen sich einige Varianten des Kapitalismus als hinreichend elastisch für integrierende Institutionen und Politiken, die die Gewerkschaften mit dem Marktsystem versöhnten und sie in einer – sich sukzessiv entwickelnden – produktiven Kooperation mit den ökonomischen Eliten einzubinden vermochten.

Dennoch wäre es zu kurz gegriffen, ihre Existenz mit ökonomischen Effizienzkriterien (etwa mit dem Argument des Standortvorteils) zu rechtfertigen, wie es heute unter Gewerkschaftern nicht unüblich ist. Geltend zu machen ist vielmehr der demokratische Anspruch, dass Koalitionsfreiheit, Tarifautonomie und Mitbestimmung zu den selbstverständlichen sozialen und wirtschaftlichen Bürgerrechten moderner Demokratien gehören. Die Tarifautonomie ist eine historische Errungenschaft, die, wie das allgemeine und gleiche Wahlrecht, zum Kernbestand westlicher Zivilgesellschaften gehört. Auch Koalitions- und Streikrecht als die beiden zentralen Komponenten der Tarifautonomie bleiben weiterhin ein Prüfstein für die demokratische Verfassung eines Landes. Wer den Arbeitskampf für anachronistisch hält, plädiert für eine defizitäre Demokratie.

Die Aufgaben der Gewerkschaften sind heute andere als in ihrer Gründungsphase, aber nichtsdestoweniger vordringlich für den Zusammenhalt der Gesellschaft. Drei dieser Aufgaben seien abschließend hervorgehoben:

Das Tarifvertragssystem ist inzwischen geschwächt und bedarf des allgemeinen Mindestlohns als Ergänzung, um die anwachsenden Schichten von Arbeitnehmern mit prekären Arbeitsbedingungen in normale Beschäftigungsverhältnisse zu bringen, die ihre Existenz zu sichern vermögen. Ihre soziale Integration ist eine drängende gesellschaftliche Aufgabe, zu deren Lösung die Gewerkschaften als Anwälte der Schwachen berufen sind.

Die Mitbestimmung, insbesondere die in den Aufsichtsräten, ist weiterhin umstritten. Sie als eine Säule demokratischer Arbeitsverfassung zu verteidigen, bleibt ebenfalls Aufgabe der Gewerkschaften. Die Integration von Arbeitnehmern in einem arbeitsteiligen »Herrschaftsverband« (Max Weber) bedarf der Legitimation. Formal ist diese zwar durch den ›freien‹ Arbeitsvertrag gegeben, aber erst das Recht auf Mitbestimmung und Mitgestaltung jener Bedingungen, unter denen Arbeitnehmer einen Großteil ihres aktiven Lebens verbringen, kann ihre normative Akzeptanz befördern.

Schließlich ist das soziale Europa immer noch mehr Zukunftshoffnung als politische Realität. Was die Gewerkschaften national bewahren wollen, müssen sie im globalen Kapitalismus international erst erringen. Nicht zuletzt an ihnen liegt es also, ob das Versprechen des sozialen Europas eingelöst wird. Ohne Bündnisse, Koalitionen und Zusammenschlüsse auf europäischer und internationaler Ebene und ohne das gemeinsame, transnationale Bemühen um Deutungsmacht und Rechtspositionen könnten ihnen sogar die nationalen historischen Errungenschaften unter den Händen zerrinnen.

Anmerkungen

1 Entstehung und Entwicklung der Gewerkschaftsbewegung bis 1933

1 Michael Kittner, *Arbeitskampf. Geschichte – Recht – Gegenwart*, München 2005, S. 122.

2 Friedrich Lenger, *Sozialgeschichte der deutschen Handwerker seit 1800*, Frankfurt a. M. 1988, S. 107.

3 Auf 1815 datiert Hubert Kiesewetter, *Industrielle Revolution in Deutschland 1815–1914*, Frankfurt a. M. 1989, auf 1835 Friedrich-Wilhelm Henning, *Die Industrialisierung in Deutschland 1800 bis 1914*, Paderborn 1973, S. 111.

4 Fernand Braudel, *Sozialgeschichte des 15.–18. Jahrhunderts*, Bd. 2: *Der Handel*, München 1986, S. 46 ff.

5 Karl Polanyi, *Ökonomie und Gesellschaft*, Frankfurt a. M. 1979, S. 133.

6 Karl Marx, *Das Kapital. Kritik der politischen Ökonomie*, Bd. 1, Berlin 1962 (MEW 23), S. 183.

7 Goetz Briefs, »Gewerkschaftswesen und Gewerkschaftspolitik«, in: *Handwörterbuch der Staatswissenschaften*, hrsg. von Ludwig Fischer [u. a.], Jena ⁴1927, Bd. 4, S. 1108–1150.

8 Ebd., S. 1111.

9 Ulrich Engelhardt, *»Nur vereinigt sind wir stark«. Die Anfänge der deutschen Gewerkschaftsbewegung 1862/3 bis 1869/70*, Bd. 2, Stuttgart 1977, S. 1214 f.

10 Gerhard Ritter / Klaus Tenfelde, »Der Durchbruch der Freien Gewerkschaften Deutschlands zur Massenbewegung im letzten Viertel des 19. Jahrhunderts«, in: Heinz Oskar Vetter (Hrsg.), *Vom Sozialistengesetz zur Mitbestimmung. Zum 100. Geburtstag von Hans Böckler*, Köln 1975, S. 88.

11 Salomon Schwarz, *Handbuch der deutschen Gewerkschaftskongresse*, Berlin 1930, S. 302.

12 Volker Hentschel, *Geschichte der deutschen Sozialpolitik 1880–1980*, Frankfurt a. M., S. 60.

13 Vgl. dazu Gerald D. Feldman, *Vom Weltkrieg zur Weltwirtschafts-krise. Studien zur deutschen Wirtschafts- und Sozialgeschichte*, Göttingen 1984, S. 100 ff.

14 Hentschel, *Geschichte*, S. 67.

2 Kontinuität und Neubeginn nach 1945

1 Theo Pirker, *Die SPD nach Hitler. Die Geschichte der Sozialdemo-kratischen Partei Deutschlands 1945–1964*, München 1968, S. 10.

2 Johannes Kolb, *Metallgewerkschaften in der Nachkriegszeit. Der Organisationsaufbau der Metallgewerkschaften in den drei westlichen Besatzungszonen Deutschlands*, ²1983, S. 14.

3 Ebd., S. 13.

4 Ebd., S. 15.

5 Ebd., S. 20.

6 Ulrich Borsdorf u. a. (Hrsg.), *Grundlagen der Einheitsgewerk-schaft. Historische Dokumente und Materialien*, Köln 1977, S. 229.

7 Werner Müller, »Die Gründung des DGB, der Kampf um die Mit-bestimmung, programmatisches Scheitern und der Übergang zum gewerkschaftlichen Pragmatismus«, in: Hans-Otto Hemmer / Kurt Thomas Schmitz (Hrsg.), *Geschichte der Gewerkschaf-ten in der Bundesrepublik Deutschland. Von den Anfängen bis heu-te*, Köln 1990, S. 37 f.

8 Kolb, *Metallgewerkschaften*, S. 20 f.

9 Ulrich Borsdorf, *Hans Böckler*, Bd. 1: *Erfahrungen eines Ge-werkschafters 1875–1945*, Essen 2005; Karl Lauschke, *Hans Böckler*, Bd. 2: *Gewerkschaftlicher Neubeginn 1945–1951*, Essen 2005.

10 Alfred Hueck / Hans Carl Nipperdey, *Lehrbuch des Arbeitsrechts*, Bd. 2/1: *Kollektives Arbeitsrecht*, Berlin ⁷1967, S. 101 f.

11 Robert Michels, *Zur Soziologie des Parteiwesens in der modernen Demokratie. Untersuchungen über die oligarchischen Tendenzen des Gruppenlebens*, Stuttgart 1957, (Neudruck der zweiten Aufla-ge von 1925) S. 370.

12 Hansjörg Weitbrecht, *Effektivität und Legitimität der Tarifauto-nomie. Eine soziologische Untersuchung am Beispiel der deutschen Metallindustrie*, Berlin 1969, S. 252.

13 Ebd., S. 92.

14 *Quellen zur Geschichte der deutschen Gewerkschaftsbewegung im 20. Jahrhundert*, Bd. 10: *Die Industriegewerkschaft Metall in der frühen Bundesrepublik 1950–1956*, bearb. von Walter Dörrich und Klaus Schönhoven, Köln 1991, S. XL ff. und 130 ff.

3 Wirtschaftliche Neuordnung versus Soziale Marktwirtschaft

1 Siehe die Schreiben in: Erich Potthoff, *Der Kampf um die Montan-Mitbestimmung*, Düsseldorf 2001 (Reprint der Ausg. von 1957), S. 42–46.

2 DGB, *Protokoll des Gründungskongresses von 1949*, S. 318.

3 Hans Willi Weinzen, *Gewerkschaften und Sozialismus – Naphtalis Wirtschaftsdemokratie und Agartz' Wirtschaftsneuordnung*, Frankfurt a. M. 1982, S. 225.

4 DGB, *Protokoll des Gründungskongresses von 1949*, S. 319.

5 Gesetzesvorschlag des Deutschen Gewerkschaftsbundes zur Neuordnung der deutschen Wirtschaft vom 22. Mai 1950.

6 Vgl. Adam Smith, *Der Wohlstand der Nationen*, 5. Buch.

7 Walter Eucken, *Grundsätze der Wirtschaftspolitik*, Reinbek 1959, S. 161.

8 Friedrun Quaas, *Soziale Marktwirtschaft*, Bern 2000, S. 44.

9 Alfred Müller-Armack, *Soziale Marktwirtschaft*, in: *Handwörter-buch der Sozialwissenschaften*, Bd. 9., Stuttgart/Tübingen 1956, S. 390–392.

10 Alfred Müller-Armack, »Die Grundformel der sozialen Marktwirtschaft«, in: Ludwig-Erhard-Stiftung (Hrsg.), *Symposion I, Soziale Marktwirtschaft als nationale und internationale Ordnung*, Bonn 1978, S. 12.

11 Zitiert nach Dieter Cassel (Hrsg.), *50 Jahre Soziale Marktwirtschaft. Ordnungstheoretische Grundlagen, Realisierungsprobleme*

und Zukunftsperspektiven einer wirtschaftspolitischen Konzeption, Stuttgart 1998, S. 38.

12 Ebd., S. 104.

13 Ebd., siehe Anmerkungen S. 105.

14 Heiko Körner, »Wurzeln der Sozialen Marktwirtschaft«, in: Michael von Hauff (Hrsg.), *Die Zukunftsfähigkeit der Sozialen Marktwirtschaft*, Marburg 2007, S. 24.

15 Eucken, *Grundsätze*, S. 185.

16 *Verhandlungen des Deutschen Bundestages, 1. Wahlperiode, Stenographische Berichte*, Bd. 1, 20. September 1949, S. 26.

17 Franz Böhm, »Das wirtschaftliche Mitbestimmungsrecht der Arbeiter im Betrieb«, in: *ORDO – Jahrbuch für die Ordnung von Wirtschaft und Gesellschaft*, 4 (1951), S. 21–250, hier S. 21.

18 Ebd., S. 116 f., 122, 128.

19 Ebd., S. 164.

20 Ebd., S. 249.

21 Eucken, *Grundsätze*, S. 184.

22 Zitiert nach Gabriele Müller-List (Bearb.), *Neubeginn bei Eisen und Stahl im Ruhrgebiet. Die Beziehungen zwischen Arbeitgebern und Arbeitnehmern in der nordrhein-westfälischen Eisen- und Stahlindustrie 1945–1948*, Düsseldorf 1990, S. 97 und 300.

23 Ebd., S. 98 und 351.

24 Potthoff, *Montan-Mitbestimmung*, S. 60.

25 *Verhandlungen des Deutschen Bundestages, 1. Wahlperiode, Stenographische Berichte*, Bd. 6, 10. April 1951, S. 5116.

26 Potthoff, *Montan-Mitbestimmung*, S. 114.

27 Protokoll des 4. ordentlichen Bundeskongresses des DGB, Hamburg 1956, S. 347 f.

28 Irene von Reitzenstein, *Solidarität und Gleichheit. Ordnungsvorstellungen im deutschen Gewerkschaftsdenken nach 1945*, Berlin 1961, S. 180.

4 Auseinandersetzungen um das Betriebsverfassungsgesetz

1 Kurt Brigl-Matthiaß, *Das Betriebsräteproblem*, Berlin/Leipzig 1926 (Reprint Berlin 1978), S. 76.
2 Eberhard Schmidt, *Die verhinderte Neuordnung 1945–1952*, Frankfurt a. M. 1970, S. 90.
3 *Verhandlungen des Deutschen Bundestages, 1. Wahlperiode, Stenographische Berichte*, Bd. 12, 19. Juli 1952, S. 10247.
4 Ebd., S. 10241 ff.
5 Schmidt, *Neuordnung*, S. 220.
6 »Mitbestimmung als Gleichberechtigung von Kapital und Arbeit oder als Vertragsanspruch der Arbeitnehmer aus dem Arbeitsverhältnis«, in: Franz Böhm / Goetz Briefs (Hrsg.), *Ordnungselement oder politischer Kompromiß*, Stuttgart 1971, S. 206–234, hier S. 211.
7 Franz Böhm, »Die rechtliche Problematik der paritätischen Mitbestimmung«, in: Goetz Briefs (Hrsg.), *Mitbestimmung?* Stuttgart 1967, S. 121–195, hier S. 130 und 159.
8 Wolfgang Heintzeler, »Das Betriebsverfassungsgesetz als optimale Synthese von Marktwirtschaft, Eigentumsordnung und Mitbestimmung«, in: Goetz Briefs (Hrsg.), *Mitbestimmung?* Stuttgart 1967, S. 98–120, hier S. 115 f.
9 Alfred Müller-Armack, »Die Grundformel der sozialen Marktwirtschaft«, in: Ludwig-Erhard-Stiftung (Hrsg.), *Symposion I, Soziale Marktwirtschaft als nationale und internationale Ordnung*, Bonn 1978, S. 13.

5 Vertrauensleute, Betriebs- und Personalräte – der betriebliche Unterbau

1 Klaus Koopmann, *Vertrauensleute. Arbeitervertretung im Betrieb*, Hamburg 1981.
2 Jürgen Kädtler / Hans-Hermann Hertle, *Sozialpartnerschaft und Industriepolitik. Strukturwandel im Organisationsbereich der IG Chemie-Papier-Keramik*, Opladen 1997, Kap. 4.

3 Walther Müller-Jentsch, »Arbeitgeberverbände und Arbeitgeber-
  politik in der Chemischen Industrie«, in: Klaus Tenfelde et al.
  (Hrsg.), *»Stimmt die Chemie?« Mitbestimmung und Sozialpolitik
  im Bayer-Konzern*. Essen 2007, S. 283–303, hier S. 301.

4 Werner Milert / Rudolf Tschirbs, *Von den Arbeiterausschüssen
  zum Betriebsverfassungsgesetz. Geschichte der betrieblichen Interessenvertretung in Deutschland*, Köln 1991, S. 175, Dok. 26.

5 Wolfram Wassermann, *Die Betriebsräte. Akteure für Demokratie
  in der Arbeitswelt*, Münster 2002; Wolfram Wassermann / Wolfgang Rudolph, »Gestärkte Betriebsräte«, in: *Die Mitbestimmung*
  52 (2006), H. 12, S. 66.

6 Walther Müller-Jentsch / Peter Ittermann, *Industrielle Beziehungen. Daten, Zeitreihen, Trends 1950–1999*, Frankfurt a. M. 2000,
  S. 218; Horst-Udo Niedenhoff, *Betriebsratswahlen. Eine Analyse
  der Betriebsratswahlen 1975 bis 2006*, Köln 2007.

7 Müller-Jentsch/Ittermann, *Industrielle Beziehungen*, S. 218 / Tab.
  G 6 und S. 221 / Tab. G 8.

8 Daten nach Wassermann/Rudolph, *Gestärkte Betriebsräte*, S. 66.

9 Hermann Kotthoff, *Betriebsräte und betriebliche Herrschaft. Eine
  Typologie von Partizipationsmustern im Industriebetrieb*, Frank-
  furt a. M. 1981; Hermann Kotthoff, *Betriebsräte und Bürgerstatus.
  Wandel und Kontinuität betrieblicher Mitbestimmung*, München/
  Mering 1994.

10 Walther Müller-Jentsch / Beate Seitz, »Betriebsräte gewinnen
   Konturen. Ergebnisse einer Betriebsräte-Befragung im Maschi-
   nenbau«, in: *Industrielle Beziehungen* 5 (1998), H. 4, S. 363–
   387.

11 Bertelsmann Stiftung / Hans-Böckler-Stiftung (Hrsg.), *Mitbestimmung und neue Unternehmenskulturen – Bilanz und Perspektiven. Bericht der Kommission Mitbestimmung*, Gütersloh
   1998.

12 Aida Bosch, *Vom Interessenkonflikt zur Kultur der Rationalität.
   Neue Verhandlungsbeziehungen zwischen Management und Betriebsrat*, München/Mering 1997.

13 Rainer Dombois, »Die VW-Affaire – Lehrstück zu den Risiken

deutschen Co-Managements?«, in: *Industrielle Beziehungen* 16 (2009), H. 3, S. 207–231, hier S. 208.

14 Daten nach Berndt Keller / Rainer Schnell, »Zur empirischen Analyse von Personalräten – Strukturdaten und Probleme der Interessenvertretung«, in: *WSI-Mitteilungen* 56 (2003), H. 4, S. 185–193.

6 Tarifpolitik und Arbeitskampf – das gewerkschaftliche Kerngeschäft

1 Entscheidung des Bundesverfassungsgerichts vom 26. Juni 1991, BVerfGE 84, 212.

2 Theodor Geiger, *Die Klassengesellschaft im Schmelztiegel*, Köln 1949; Walther Müller-Jentsch, »Gewerkschaften und Korporatismus«, in: Karl Christian Führer (Hrsg.), *Revolution und Arbeiterbewegung*, i. E.

3 Jürgen Nautz, »Das deutsche Tarifvertragsrecht zwischen Interventionismus und Autonomie. Zur Debatte über die Gestaltung des Tarifrechts in Deutschland«, in: Hans G. Nutzinger (Hrsg.), *Die Entstehung des Arbeitsrechts in Deutschland*, Marburg 1998, S. 71–120, hier S. 72.

4 Walther Müller-Jentsch: »Streiks und Streikbewegungen in der Bundesrepublik 1950–1978«, in: Joachim Bergmann (Hrsg.), *Beiträge zur Soziologie der Gewerkschaften*, Frankfurt a. M. 1979, S. 21–71.

5 Oswald Nell-Breuning, zitiert nach Jürgen Peters / Holger Gorr (Hrsg.), *In freier Verhandlung. Dokumente zur Tarifpolitik der IG Metall 1945 bis 2002*, ²Göttingen 2009, S. 227.

6 Thomas Blanke u. a. (Hrsg.), *Kollektives Arbeitsrecht. Quellentexte zur Geschichte des Arbeitskampfes in Deutschland, Bd. II: 1933–1974*, Reinbek, S 237.

7 Wirtschafts- und Sozialwissenschaftliches Institut in der Hans-Böckler-Stiftung (Hrsg.), *Statistisches Taschenbuch Tarifpolitik 2011*, Tab. 3.1.

8 *Süddeutsche Zeitung* vom 20. November 2006.

9 DIW, Wochenbericht 33–2009 / Pressemitteilung vom 12. August 2009.

10 Statistisches Bundesamt, *Niedrigeinkommen und Erwerbstätigkeit*, Begleitheft zum Pressegespräch vom 19. 8. 2009, S. 8.

11 Dirk Konietzka / Peter Sopp, »Arbeitsmarktstrukturen und Exklusionsprozesse«, in: Heinz Bude / Andreas Willisch (Hrsg.), *Das Problem der Exklusion. Ausgegrenzte, Entbehrliche, Überflüssige*, Hamburg 2006, S. 314–341, hier S. 334.

12 Ulrich Brinkmann u. a., *Prekäre Arbeit. Ursachen, Ausmaß, soziale Folgen und subjektive Verarbeitungsfolgen unsicherer Beschäftigungsverhältnisse*, Bonn 2006.

13 Siehe WSI-Mindestlohndatenbank, Version März 2011 (www.boeckler.de/pdf/ta_mindestlohndatenbank.pdf)

14 Statistisches Bundesamt, Mindestlöhne (www.destatis.de/jetspeed/portal/cms/Sites/destatis/Internet/DE/Content/Statistiken/VerdiensteArbeitskosten/Tarifverdienste/Mindestloehne/AktuellD, templateId=renderPrint.psml)

7 Die Gewerkschaften als wirtschaftspolitische Akteure

1 Werner Abelshauser, *Wirtschaftsgeschichte der Bundesrepublik Deutschland 1945–1980*, Frankfurt a. M. 1983, S. 110.

2 Wilhelm Krelle u. a., *Überbetriebliche Ertragsbeteiligung der Arbeitnehmer*, Tübingen 1968, S. 381.

3 Abelshauser, *Wirtschaftsgeschichte*, S. 98.

4 Zitiert nach Otto Schlecht, »Leitbild oder Alibi? Zur Rolle der Konzeption der Sozialen Marktwirtschaft in der praktischen Wirtschaftspolitik«, in: Dieter Cassel (Hrsg.), *50 Jahre Soziale Marktwirtschaft. Ordnungstheoretische Grundlagen, Realisierungsprobleme und Zukunftsperspektiven einer wirtschaftspolitischen Konzeption*, Stuttgart 1998, S. 41.

5 Nach Wilhelm Rall, *Zur Wirksamkeit der Einkommenspolitik*, Tübingen 1975.

6 Walther Müller-Jentsch, »Streiks und Streikbewegungen in der

Bundesrepublik 1950–1978«, in: Joachim Bergmann (Hrsg.), *Beiträge zur Soziologie der Gewerkschaften*, Frankfurt a. M. 1979, S. 21–71, hier S. 62.

7 *Verhandlungen des Deutschen Bundestages, 7. Wahlperiode, Stenographische Berichte*, Bd. 81, 18. Januar 1973; hier zitiert nach SPD-Abg. Sund, in: Bd. 97, 18. März 1976, S. 15998.

8 Interview mit der *Wirtschaftswoche* vom 19. Mai 2005.

9 *Verhandlungen des Deutschen Bundestages, 6. Wahlperiode, Stenographische Berichte*, Bd. 77, 10. November 1971, S. 5804.

10 Ebd., S. 5876.

11 Ebd., S. 5876.

12 Hans Galperin, *Der Regierungsentwurf eines neuen Betriebsverfassungsgesetzes*, Düsseldorf 1971.

13 *»Mitbestimmung im Unternehmen.« Bericht der Sachverständigenkommission zur Auswertung der bisherigen Erfahrungen mit der Mitbestimmung.* BT-Drucksache VI/334, 1970, Teil IV A, S. 56 f.

14 *Verhandlungen des Deutschen Bundestages, 7. Wahlperiode, Stenographische Berichte*, Bd. 97, 18. März 1976, S. 16005.

8 Nach der Wiedervereinigung: Fusionen und Spaltungen

1 Rudi Schmidt, »Einleitung«, in: Joachim Bergmann / Rudi Schmidt (Hrsg.), *Industrielle Beziehungen. Institutionalisierung und Praxis unter Krisenbedingungen*, Opladen 1996, S. 11–17, hier S. 11.

2 Vgl. zu folgendem Ingrid Artus, »Die Etablierung der Gewerkschaften«, in: Bergmann/Schmidt (Hrsg.), *Industrielle Beziehungen*, S. 21–48.

3 Vgl. Wolfgang Schroeder u. a., *Kleine Gewerkschaften und Berufsverbände im Wandel*, Düsseldorf 2008.

9 Die Gewerkschaften in der Europäischen Union

1 Verordnung Nr. 161/68 über die Freizügigkeit der Arbeitnehmer innerhalb der Gemeinschaft vom 15. Oktober 1968.

2 Wolfgang Kowalsky, »Das Verhältnis von EGB und nationalen Gewerkschaften«, in: *Mitteilungsblatt des Instituts für soziale Bewegungen* 42 (2009), S. 259.

3 Ebd. S. 266 ff.

4 Günther H. Roth / Peter Hitpold (Hrsg.), *Der EuGH und die Souveränität der Mitgliedstaaten*, Wien 2008.

5 Exemplarisch dafür das überaus kritische Interview mit Fritz Scharpf in: *Die Mitbestimmung* 54 (2008), H. 7/8, S. 18–23.

6 EBR-News 2/2009 vom 19. Juli 2009 (www.euro-betriebsrat.de).

7 Beschluss des DGB-Bundesvorstandes vom 8. April 1997.

8 DGB-Positionspapier vom 7. November 2000.

9 IG Metall Vorstand (Hrsg.), »*Für ein solidarisch erneuertes Europa*«. Entwurf für ein europapolitisches Memorandum der IG Metall, Frankfurt a. M. 2007.

10 Vgl. Dølvik, *Die Spitze des Eisberges? Der EGB und die Entwicklung eines Euro-Korporatismus*, Münster 1999, S. 129.

11 Manfred Weiss, »Arbeitnehmermitwirkung. Kernelement des Europäischen Sozialmodells«, in: *Industrielle Beziehungen* 13 (2006), H. 1, S. 5–20.

12 Hermann Kotthoff, *Lehrjahre des Europäischen Betriebsrats. Zehn Jahre transnationale Arbeitnehmervertretung*, Berlin 2006, S. 18.

13 Wolfgang Lecher, »Europäische Betriebsräte – die vierte Ebene betrieblicher Interessenvertretung«, in: *WSI-Mitteilungen* 49 (1996), H. 8, S. 469.

14 Vgl. www.etuc.org/r/57, 24.6.2011.

15 Aline Hoffmann, »Grenzüberschreitende gewerkschaftliche Betriebspolitik«, in: Joachim Beerhorst / Hans-Jürgen Urban (Hrsg.), *Handlungsfeld europäische Integration. Gewerkschaftspolitik in und für Europa*, Hamburg 2005, S. 93–100, hier S. 94 f.

16 Jeremy Waddington, »Was leisten Europäische Betriebsräte? Die Perspektive der Arbeitnehmervertreter«, in: *WSI-Mitteilungen* 59 (2006), H. 10, S. 560–567.

17 Berndt Keller / Frank Werner, »Arbeitnehmerbeteiligung in der Europäischen Aktiengesellschaft (SE) – Empirische Befunde und (un-)erwartete Konsequenzen«, in: *WSI-Mitteilungen* 62 (2009), H. 8, S. 416–424.

18 Manfred Weiss, »Der soziale Dialog als Katalysator koordinierter Tarifpolitik in der EG«, in: Meinhard Heinze / Alfred Söllner (Hrsg.), *Arbeitsrecht in der Bewährung. Festschrift für Otto Rudolf Kissel*, München 1994, S. 1253–1267, hier S. 1263.

19 Berndt Keller, »Sozialdialoge als Instrument europäischer Arbeits- und Sozialpolitik«, in: *Industrielle Beziehungen* 3 (1996), H. 3, S. 207–228, hier S. 215.

20 Vgl. Sabrina Weber, »Autonome Sozialdialoge auf EU-Ebene. Zur Problematik der »Implementation von Texten der neuen Generation«, in: *Industrielle Beziehungen* 15 (2008), H. 1, S. 53–75, hier S. 71 f.

21 Berndt Keller, »Sektorale Sozialdialoge in der Europäischen Union – Zur aktuellen Situation und zukünftigen Entwicklung«, in *Industrielle Beziehungen* 13 (2006), H. 2, S. 150–175, hier S. 154.

22 Ebd.

23 Roland Erne, *European Unions: Labor's Quest for a Transnational Democracy*, Ithaca 2008; Kate Bronfenbrenner (Hrsg.), *Global Unions. Challenging Transnational Capital through Cross-Border Campaigns*, Ithaca/London 2007.

24 Thorsten Schulten / Reinhard Bispinck, *Tarifpolitik unter dem Euro*, Hamburg 1999.

25 Romuald Jagodzinski, »Involving European Works Councils« in Transnational Negotiations – a Positive Functional Advance in their Operation or Trespassing?«, in: *Industrielle Beziehungen* 14 (2007), H. 4, S. 316–333.

26 Vgl. Jagodzinski, »Involving European Works Councils«, S. 316–333.

27 Versuche, einen europaweiten Mindeststandard für Urlaub und Arbeitszeit festzulegen, waren Mitte der 1970er Jahre am Widerstand der deutschen Gewerkschaften gescheitert.

10 Gewerkschaften und Soziale Marktwirtschaft – ein Resümee

1 Walther Müller-Jentsch (Hrsg.), *Konfliktpartnerschaft. Akteure und Institutionen industrieller Beziehungen*, München/Mering 1999, S. 5 ff.

2 Volker R. Berghahn / Sigurt Vitols (Hrsg.), *Gibt es einen deutschen Kapitalismus? Tradition und globale Perspektiven der sozialen Marktwirtschaft*, Frankfurt a. M. 2006.

3 Exemplarisch dafür Michael von Hauff (Hrsg.), *Die Zukunftsfähigkeit der Sozialen Marktwirtschaft*, Marburg 2007.

4 Siehe seine Einleitung »Die Grundformel der sozialen Marktwirtschaft«, in: Ludwig-Erhard-Stiftung (Hrsg.), *Symposion I, Soziale Marktwirtschaft als nationale und internationale Ordnung*, Bonn 1978, 11 f. Vgl. auch Friedrun Quaas, *Soziale Marktwirtschaft. Wirklichkeit und Verfremdung eines Konzepts*, Bern 2000, insbes. S. 54–56.

5 Vgl. Walther Müller-Jentsch, »Kapitalismus ohne Gewerkschaften?«, in: *Blätter für deutsche und internationale Politik* 51 (2006), H. 10, S. 1234–1243.

Quellenverzeichnis

Verhandlungen des Deutschen Bundestages. Stenographische Berichte, ab 1. Wahlperiode 1949 ff.

Protokoll des Gründungskongresses des Deutschen Gewerkschaftsbundes. München 12.–14. Oktober 1949. Köln 1950.

Protokolle der Gewerkschaftskongresse des DGB 1952–1956.

Gesetzesvorschlag des Deutschen Gewerkschaftsbundes zur Neuordnung der deutschen Wirtschaft vom 22. Mai 1950.

»Mitbestimmung im Unternehmen«. Bericht der Sachverständigenkommission zur Auswertung der bisherigen Erfahrungen mit der Mitbestimmung. BT-Drucksache VI/334. 1970.

Quellen zur Geschichte der deutschen Gewerkschaftsbewegung im 20. Jahrhundert. 14 Bde. Köln 1985 ff.

Diverse Geschäfsberichte der IG Metall und IG Chemie, Papier, Keramik / IG Bergbau, Chemie, Energie.

Thomas Blanke / Rainer Erd / Ulrich Mückenberger / Ulrich Stascheit (Hrsg.): Kollektives Arbeitsrecht. Quellentexte zur Geschichte des Arbeitskampfes in Deutschland. Bd. II: 1933–1974. Reinbek 1975.

Ulrich Borsdorf / Hans O. Hemmer / Martin Martiny (Hrsg.): Grundlagen der Einheitsgewerkschaft. Historische Dokumente und Materialien. Köln 1977.

Werner Milert / Rudolf Tschirbs: Von den Arbeiterausschüssen zum Betriebsverfassungsgesetz. Geschichte der betrieblichen Interessenvertretung in Deutschland (mit Dokumenten). Köln 1991.

Walther Müller-Jentsch / Peter Ittermann: Industrielle Beziehungen. Daten, Zeitreihen, Trends 1950–1999. Frankfurt a. M. 2000.

Gabriele Müller-List (Bearb.): Montanmitbestimmung. Das Gesetz über die Mitbestimmung der Arbeitnehmer in den Aufsichtsräten und Vorständen der Unternehmen des Bergbaus und der Eisen und Stahl erzeugenden Industrie vom 21. Mai 1951. Düsseldorf 1984.

Gabriele Müller-List (Bearb.): Neubeginn bei Eisen und Stahl im Ruhrgebiet. Die Beziehungen zwischen Arbeitgebern und Arbeitnehmern in der nordrhein-westfälischen Eisen- und Stahlindustrie 1945–1948. Düsseldorf 1990.

Jürgen Peters / Holger Gorr (Hrsg.): In freier Verhandlung. Dokumente zur Tarifpolitik der IG Metall 1945 bis 2002. Göttingen ²2009.

Sachverständigenrat zur Begutachtung der gesamtwirtschaftlichen Entwicklung: diverse Jahresgutachten.

WSI (Wirtschafts- und Sozialwissenschaftliches Institut in der Hans-Böckler-Stiftung) (Hrsg.): WSI-Tarifhandbuch 2008. Frankfurt a. M. 2008.

– Statistisches Taschenbuch Tarifpolitik. Düsseldorf 2011.

Ausgewählte Literatur

1 Gewerkschaften, Mitbestimmung

Ulrich Borsdorf / Karl Lauschke: Hans Böckler. Bd. 1: Erfahrungen eines Gewerkschafters 1875–1945 [2. Aufl.]. Bd. 2: Gewerkschaftlicher Neubeginn 1945–1951. Essen 2005.

Bernd Frick / Norbert Kluge / Wolfgang Streeck (Hrsg.): Die wirtschaftlichen Folgen der Mitbestimmung. Expertenberichte der Kommission Mitbestimmung. Frankfurt a. M. 1999.

Hans O. Hemmer / Kurt Thomas Schmitz (Hrsg.): Geschichte der Gewerkschaften in der Bundesrepublik Deutschland. Von den Anfängen bis heute. Köln 1990.

Johannes Kolb: Metallgewerkschaften in der Nachkriegszeit. Der Organisationsaufbau der Metallgewerkschaften in den drei westlichen Besatzungszonen Deutschlands. Köln ²1983

Karl Lauschke: Die halbe Macht. Mitbestimmung in der Eisen- und Stahlindustrie 1945 bis 1989. Essen 2007.

Mitteilungsblatt des Instituts für soziale Bewegungen 42 (2009). [Themenschwerpunkt: Deutsche Gewerkschaften und europäische Integration im 20. Jahrhundert.]

Walther Müller-Jentsch: Soziologie der Industriellen Beziehungen. Frankfurt a. M. ²1997.

Bernhard Muszynki: Wirtschaftliche Mitbestimmung zwischen Konflikt- und Harmoniekonzeptionen. Meisenheim am Glan 1975.

Theo Pirker: Die blinde Macht. Die Gewerkschaftsbewegung in Westdeutschland. 2 Bde. Berlin 1979. [Reprint, zuerst 1960.]

Erich Potthoff: Der Kampf um die Montan-Mitbestimmung. Düsseldorf 1957. [Reprint: Düsseldorf 2001.]

Eberhard Schmidt: Die verhinderte Neuordnung 1945–1952. Frankfurt a. M. 1970.

Michael Schneider: Kleine Geschichte der Gewerkschaften. Ihre Entwicklung in Deutschland von den Anfängen bis heute. Bonn ²2000.

Wolfgang Schroeder / Bernhard Weßels (Hrsg.): Die Gewerkschaften in Politik und Gesellschaft der Bundesrepublik. Ein Handbuch. Wiesbaden 2003.

2 Soziale Marktwirtschaft

Franz Böhm: Das wirtschaftliche Mitbestimmungsrecht der Arbeiter im Betrieb, in: ORDO – Jahrbuch für die Ordnung von Wirtschaft und Gesellschaft. 4 (1951) S. 21–250.

Dieter Cassel (Hrsg.): 50 Jahre Soziale Marktwirtschaft. Ordnungstheoretische Grundlagen, Realisierungsprobleme und Zukunftsperspektiven einer wirtschaftspolitischen Konzeption. Stuttgart 1998.

Walter Eucken: Grundsätze der Wirtschaftspolitik. Reinbek 1959.

Rolf H. Haase / Hermann Schneider / Hans Weigelt (Hrsg.): Lexikon Soziale Marktwirtschaft. Wirtschaftspolitik von A bis Z. Paderborn 2002.

Michael von Hauff (Hrsg.): Die Zukunftsfähigkeit der Sozialen Marktwirtschaft. Marburg 2007.

Volker Henschel: Ludwig Erhard. Ein Politikerleben. München 1996.

Alfred Müller-Armack: Wirtschaftsordnung und Wirtschaftspolitik. Studien und Konzepte zur Sozialen Marktwirtschaft und zur Europäischen Integration. Freiburg i. Br. 1966.

– Genealogie der Sozialen Marktwirtschaft. Frühschriften und weiterführende Konzepte. Bern ²1981.

ORDO – Jahrbuch für die Ordnung von Wirtschaft und Gesellschaft (1948 ff.).

Ralf Ptak: Vom Ordoliberalismus zur Sozialen Marktwirtschaft. Stationen des Neoliberalismus in Deutschland. Opladen 2005.

Friedrun Quaas: Soziale Marktwirtschaft. Bern 2000.

Peter Ulrich: Zivilisierte Marktwirtschaft. Eine wirtschaftsethische Orientierung. Bern 2010.

3 Wirtschaft, Arbeitsrecht, Europa

Werner Abelshauser: Wirtschaftsgeschichte der Bundesrepublik
Deutschland 1945–1980. Frankfurt a. M. 1985.

– Deutsche Wirtschaftsgeschichte seit 1945. München 2004.

Eberhard Eichenhofer: Geschichte des Sozialstaats in Europa. Von der
sozialen Frage bis zur Globalisierung. München 2007.

Volker Hentschel: Geschichte der deutschen Sozialpolitik 1889–
1980. Frankfurt a. M. 1983.

Jürgen Mittag: Kleine Geschichte der Europäischen Union. Von der
Europaidee bis zur Gegenwart. Münster 2008.

Jürgen Nautz: Die Durchsetzung der Tarifautonomie in Westdeutschland. Das Tarifvertragsgesetz vom 9. April 1949. Frankfurt
a. M. 1985.

Hans. G. Nutzinger (Hrsg.): Die Entstehung des Arbeitsrechts in
Deutschland. Marburg 1998.

Werner Weidenfeld / Wolfgang Wessels (Hrsg.): Europa von A bis Z.
Taschenbuch der europäischen Integration. Berlin ⁹2006.

Zum Autor

WALTHER MÜLLER-JENTSCH, geboren 1935 in Düsseldorf. Gelernter Industriekaufmann. Nach dem Erwerb der Hochschulreife auf dem Zweiten Bildungsweg am Frankfurter Hessenkolleg Studium der Soziologie, Politikwissenschaft und Nationalökonomie in Frankfurt am Main und der ›Industrial Relations‹ an der London School of Economics. Promotion 1974. Wissenschaftlicher Mitarbeiter am Institut für Sozialforschung in Frankfurt am Main von 1969 bis 1981. 1982–1992: Soziologieprofessur mit Schwerpunkt ›Arbeit‹ in Paderborn. 1990: Gastprofessur für ›European Industrial Relations‹ an der University of Warwick (England). 1992–2001: Soziologieprofessur an der Ruhr-Universität Bochum mit dem Lehrstuhl für Organisation und Mitbestimmung. Mitbegründer und langjähriger Mitherausgeber der Zeitschrift *Industrielle Beziehungen – Zeitschrift für Arbeit, Organisation und Management*. Mitglied des Gründungsvorstands der Stiftung Bibliothek des Ruhrgebiets in Bochum. Arbeits- und Forschungsschwerpunkte sind Industriesoziologie, Soziologie der Gewerkschaften, Organisationssoziologie sowie die Kunst- und Literatursoziologie. Ausgewählte Publikationen: *Gewerkschaften in der Bundesrepublik* (Mitautor, ³1979), *Soziologie der Industriellen Beziehungen* (²1997), *Konfliktpartnerschaft* (Hrsg., ³1999), *Organisationssoziologie* (2003), *Strukturwandel der industriellen Beziehungen* (2007), *Arbeit und Bürgerstatus* (2008), *Die Kunst in der Gesellschaft* (2011).